いま知っておきたい「みらいのお金」の話

東京大学大学院客員教授
未来社会プロデューサー
松田 学

アスコム

まもなく、本格的な**「仮想通貨の時代」**がやってきます。

お金の集め方も、使い方も、今とはまったく違うものになります。
仕事や生き方さえ、大きく変わると言っても言い過ぎではないでしょう。

でも、それが**私たちと本当に関係があるのでしょうか？**

そんな疑問を持った方は、ぜひこの本を読み進めてください。

仮想通貨は、驚くべきスピードで世の中に広まっています。

２０１５年１月に約５０００億円だった時価総額が、
２０１９年１月には約12兆２０００億円になっています。

この間、実に**２４４０％**の成長率です。

大手取引所「ビットフライヤー」のユーザー数は
サービス開始から4年で**２００万人**にまで増えました。

日本国内で、仮想通貨で支払いができる店舗は**5万店**を超えています。
これは国内のコンビニの数、およそ5万5000店に匹敵します。

三菱UFJフィナンシャル・グループ、みずほファイナンシャルグループ、
LINE、スターバックス、マネックス証券、サイバーエージェント……
錚々《そうそう》たる企業が、仮想通貨事業への参入を表明しています。

もはやこの流れは止められません。
今はなじみがなくても、10年もしないうちに
仮想通貨が当たり前の社会になるのです。

今はまさに**「夜明け前」**。
仮想通貨が本当に普及するのはこれからです。

2017年の投資ブームで、「仮想通貨」という言葉が浸透しました。

そして熱狂的なブームは1年で去り、
後に残ったのはすっかり価格も落ち着いた仮想通貨。

もう儲からない？
なんだか怪しい？
持っていたほうがいい？
投資以外に使い道はある？

「仮想通貨って、そもそもなんなんだ？」

今、ようやく通貨としての仮想通貨に
スポットライトが当たるようになったのです。

テクノロジーによって生まれる新しい通貨が「みらいのお金」です。

「みらいのお金」で始まる新しい社会を生きるためには
「お金のリテラシー」がとても大切です。

スマホもアプリもＳＮＳも、いつの間にか私たちの暮らしを変えていました。
そして「情報リテラシー」の高い人が、多くの利益を享受してきました。

次に実る果実は、お金のリテラシーの高い人がつかむのです。

この本は、仮想通貨の投資本ではありません。
情報技術の専門書でもありません。

新しい経済の仕組みの中で
幸せに暮らすための入門書です。

仮想通貨と電子マネーは何が違うのか。
現金はいらなくなるのか。仮想通貨は危ないのか。
そんな素朴な疑問から、これからの社会を解き明かしていきます。

この本を読んでいただければ、
お金とは何かがわかります。
仮想通貨の本当の存在意義がわかります。
お金を使いこなすための基礎が身につきます。

読み進めるのにＩＴの知識も金融の知識も必要ありません。

そして読み終わったとき、
あなたにとっての「お金」の意味がわかり
未来が待ち遠しくなっているはずです。

4時間目

「みらいのお金」も「昔のお金」も約束と信用でできている　169

5時間目

「みらいのお金」で誰でも作れる「小さな経済」　211

7

時間目

お金はマルチメディア化する 289

この本の登場人物

カナ
社会人１年生。電子マネーもあまり使わない「現金派」で、最新のITにもうとい。

トシ
カナちゃんの大学時代の同級生。新しいもの好きで、とりあえずなんでも手を出してみる。

マツダ
金融、経済やサイバーセキュリティに詳しい「みらいのお金」の専門家。
カナちゃんのご近所さん。

1時間目

「みらいのお金」は自由へのパスポート

とある家電量販店のレジにて――

店員　合計で１９４４円になります。

えっと、ちょっと待ってくださいね。たしか小銭が……四十と、いち、に……
（ガサゴソ）あ、ごめんなさい、やっぱり二千円で。

店員　それでは56円のお返しですね。ありがとうございました。

カナちゃん、電子マネーとか使ってないの？　小銭を探すの面倒じゃない？

うーん、ちょっとね。

あの店だったら Suica とか PASMO も使えるし、楽天 Edy とかＮＴＴの iD とかＪＣＢの QUICPAY とか、最近だとビットコインでも払えるし。

Suica なら持ってるけど、そんなにチャージしてないから。他のやつはなんだかわかんなくて使ったことない。

えーっ？　使ってみたらすごい便利でさ、もう現金なんてほとんど持ち歩かないよ。

ふーん。でも別に私は困ったことないし、現金のほうが安心かな。

そうも言ってられないよ。もう「現金お断り」の完全キャッシュレス店ができてたりするんだから。もう少ししたら「カナちゃんお断り」の店だらけになっちゃうかも。

ウソ!?　でもお札とか硬貨が全然使えなくなることはないよね？

それはわからないけど、キャッシュレスの店が増えていくとは思うよ。現金し

か持ってなくて困った、なんてことが多くなるかもね。

本当に？　じゃあ私も脱・現金しようかな……。でも、電子マネーとか仮想通貨がスゴいって聞いたことはあるけど、そんなに便利なの？

便利っていうだけじゃないんだ。特に仮想通貨は、社会を変えちゃうくらいの大発明とか言われているくらいなんだから。

仮想通貨で大金持ちになった人とか、ちょっと前はニュースで見た。でも社会が変わるってどう変わるの？　私にも関係あるの？

うーん、そう言われると説明するのが難しい……。よし！　じゃあ「みらいのお金」の専門家を紹介するから、なんでも聞いてみたらいいよ。

現金が使える店は減っていく!?

こんにちは。マツダ先生いらっしゃいますか? トシくんの紹介で来ました。先生は「みらいのお金」の専門家だって。

こんにちは。ああ、聞いているよ。きみがカナちゃんだね。私にわかることなら、なんでも答えてあげよう。

ありがとうございます! それじゃあさっそく一つ、先生の言う「みらいのお金」って、なんのことなんですか?

簡単に言っちゃうと「仮想通貨」というのがみんなにはわかりやすいのかな。もう少し詳しく言うと、今みんなが使っているお札とか小銭とは違う、情報技術によって生まれた新しい通貨を「みらいのお金」と呼んでいるんだ。**「みらいのお金」が使えるようになると、暮らしが便利になるだけじゃなく、仕事の**

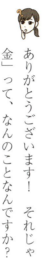

仕方や、みんなの生き方までガラッと変わる。そんな世の中が、もう10年もしないうちに来るんじゃないかと言われているんだよ。

もう難しい……。その新しい通貨、というのがそもそもよくわからなくて、なんで仮想通貨が話題になっているのかも全然ピンとこないんです。

ごめん、ごめん！　少しずつ説明しないとわからないよね。それじゃあ、難しい話はあとまわしにして、未来のイメージをつかむことから始めようか。

仮想通貨は自由なお金

ではまず、仮想通貨の大まかなイメージから知ってもらおうかな。ズバリ、**仮想通貨は「自由」なお金**だと思ってほしい。

すみません、のっけから全然わからないです……。今は不自由ということ？

誤解があるといけないから、わかりやすいところから話そう。今、私たちが日本で使っているお金は「円」だね。何かを売るときは円で値段をつけないといけないし、値段の通りの円を渡せば買い物ができる。それが日本のルールだ。そして、そのルール内で使うように決められた通貨を「法定通貨」というんだけど、日本円の硬貨や紙幣は、誰が作っているのかわかるかい。

国？　政府？

意外と知らない人も多いんだけど、紙幣は日本銀行が発行していて、一円玉などの硬貨は、政府が作っている。いろんな理由があって政府と日本銀行は役割分担をしているんだけど、要するに「すごく大きな組織」が管理していることはわかるかな。

そうですね。普通の会社とかが勝手に作ったりできないですもんね。

もちろん私たちは千円札を勝手に印刷したりできないし、新しく「三千円札」を発行することもできない。政府や日銀が決めた枠組みの中でしか円は使えないんだ。でも仮想通貨は違う。**誰でも自由に発行できる**。

え!?　それなら私が勝手にお金を作ってもいいんですか？

きみだって私だってお金を発行できるよ。しかも仮想通貨はデジタルデータだから印刷する必要がなく、インターネットさえ使えれば発行できる。実際に個人で発行している人もいるよ。新しい仮想通貨はどんどん増えていて、今や2000種類ほどもあるくらいなんだ。

へぇー、そういう意味ではたしかに自由ですね。けど、それは誰が管理しているんですか？

銀行のような特定の管理者はいない。強いて言うなら、みんなで管理している。

それが自由であることの根拠でもある。

それがいいことなのか、ピンとこないです。

細かいことは置いておいて、とりあえず「大きな権力にコントロールされることなく、一人ひとりが自由に使える」ことだけ覚えてくれればいい。これは**インターネットの普及と同じくらい革命的なことなんだ**。インターネットやスマホやＳＮＳが普及して、どれだけ世の中が変わったか知っているだろう？

はい！　もうスマホのない生活には戻れません！

そうだよね。ＩＴの進化によって、情報の発信が自由になったんだ。**昔は世の中に広く情報を発信できるのは、新聞やテレビや雑誌などのメディアだけだった。けれど今は、個人でいくらでも大勢の人に情報を発信できる。**

それがすごいことはよくわかります！　週刊誌で書かれていることと、芸能人

が個人ブログやＳＮＳで言っていることが違ったりしますよね。ウソがすぐバレるようになったし、自分が信用している人から情報を直接もらえるようになった気がします。それに雑誌やテレビ番組も面白いけど、モデルや女優のインスタグラムを見るのも好きです。

最近だと「YouTuber」が人気だったりするよね。**ＩＴで情報の発信が自由になったことで、それまで埋もれていた個人が知られるようになったり、新しいビジネスが生まれたり、社会が様変わりした。**１９９０年代には、とても想像できなかった世の中だ。

それと同じくらい「みらいのお金」はスゴいってことですか？

その通り。**情報に続いてお金が自由になることで、私たち個人にできることは格段に増えるだろう。ブログやＳＮＳで個人がメディア化したとすれば、仮想通貨は個人を銀行のようにする、と言ってもいいかな。**技術の進歩によって、私たちは通貨を発行する手段を手に入れたんだ。

なんとなくですけど、みらいのお金は自由だ、という意味が少しわかった気がします。

当たり前のように生活しているから意識することがないけど、**私たちは円を使った経済のルールに縛られて生きている、とも言える**んだ。だって生活するには円が必要だろう？　そして円を手に入れるには、円をもらえる仕事をしたりしないといけない。

それの何が不自由なんですか？

私が「歌ってあげるので1万円払って」と言ったところで、きみは1円も払う気にはならないだろう。

……ですね。1万円あったら洋服でも買います。

そうだよね。歌で1万円を手に入れるのは、すごく大変だ。だから円のルールの中では、私は歌を歌って生きていくことはできない。でも、「みらいのお金」の世界なら、自分でルールを作れる可能性があるんだ。

新しいアイデアを実現させるプラットフォーム

先生、そもそも私がお金を発行したところで、ちゃんと使えるんですか？　円じゃないのに？

使えるけど、円とは違う種類の通貨ということになる。世の中には米ドルとか英ポンドとか人民元とか韓国ウォンとか、いろんな通貨があるだろう？　それと同じさ。**仮想通貨は、仮想（バーチャル）だけれども、通貨のようなものとして扱われているんだ。日本の法律でも、支払いの手段として使える財産的価値が認められている。**たとえば仮想通貨で一番有名なビットコインは、ビック

仮想通貨は法定通貨とは別の種類のお金

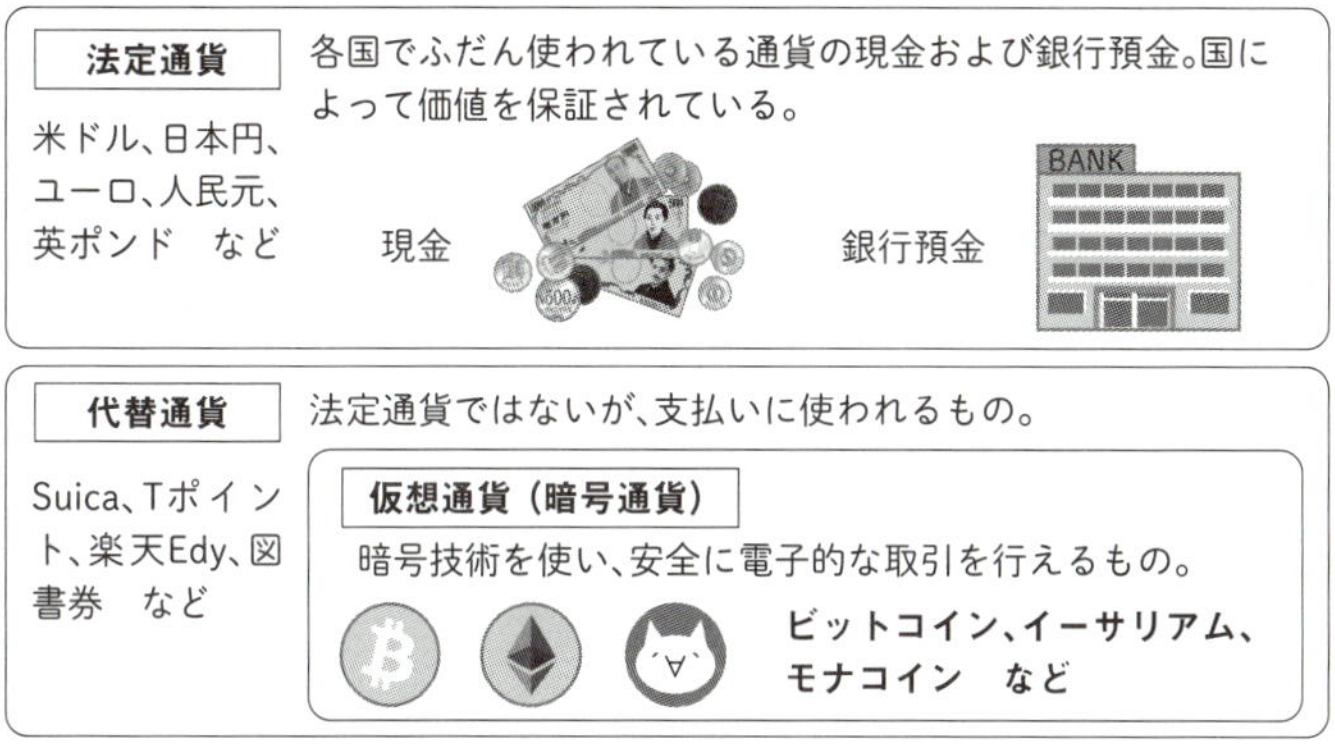
法定通貨
各国でふだん使われている通貨の現金および銀行預金。国によって価値を保証されている。
米ドル、日本円、ユーロ、人民元、英ポンド　など
現金
銀行預金
BANK
代替通貨
法定通貨ではないが、支払いに使われるもの。
Suica、Tポイント、楽天Edy、図書券　など
仮想通貨（暗号通貨）
暗号技術を使い、安全に電子的な取引を行えるもの。
ビットコイン、イーサリアム、モナコイン　など

カメラなどで買い物に使えるよね。

じゃあ私がお金を発行して、そのお金でいくらでも買い物ができちゃうってことですか⁉

うーん、極端に言えばその通りでもあるかな。でも実際にはほぼ不可能だよ。

どうしてですか？

価値がないからさ。たとえばきみが「カナコイン」を発行したとして、1万カナコインと1万円を交換してくれる人がいるだろうか。残念なが

ら、いない。なぜなら、**できたばかりの新しい仮想通貨は、どこの店でも使えない**からだ。そんな通貨は誰も欲しがらない。

え!? さっき、仮想通貨は買い物に使えるお金って言ってませんでした？

仕組みとしてはそうだよ。だけど**実際に支払いに使うには、その仮想通貨での買い物を認めてくれるお店がないとダメ**なんだ。

なんだか煙《けむ》に巻かれたような感じです……。ならやっぱり、私が仮想通貨を作れても意味なしですね。

そうかな？ たしかに、**通貨を発行しただけでは、ほとんど意味がないかもしれない。でも、その通貨をどう使うかはきみの自由だ**。使い方次第で、通貨の価値が上がっていくこともあるし、新しいビジネスを作ることだってできる。極端な話だけど、自分が発行した仮想通貨だけで暮らせる街を作ることさえ可能だ。

全然、想像ができないなあ。

みんなが使いたくなるような通貨を作らないといけないからね。「いろんなお店で使えるから便利」とか「カナコインで買うと1割引になるからお得」とか。

なんだか難しそうです。

簡単には思いつかないかもしれないね。だけど**大事なのは、考えれば実現できる可能性があるってことなんだ。個人で新しいチャレンジができる「プラットフォーム」ができたと考えればいい。**

プラットフォーム？

スマホのアプリは使うだろう？　すごく便利なアプリがたくさんあるし、今でも数え切れないほどの新しいアプリが開発されているよね。それができるよう

になったのは、アップルの「iOS」やグーグルの「Android」、マイクロソフトの「Windows」のような、アプリを動かす場ができたからなんだ。

なんとなくわかるかも。YouTubeがあるから、いろんな動画を公開できるようなこと？

似たようなことかもね。**仮想通貨を発行できるようになったし、仮想通貨を使って新しいアイデアを実現できるチャンスもできた。そんな自由を手に入れたことが、とても重要なんだ。**

仮想通貨というアプリケーションを作れるプラットフォームができた

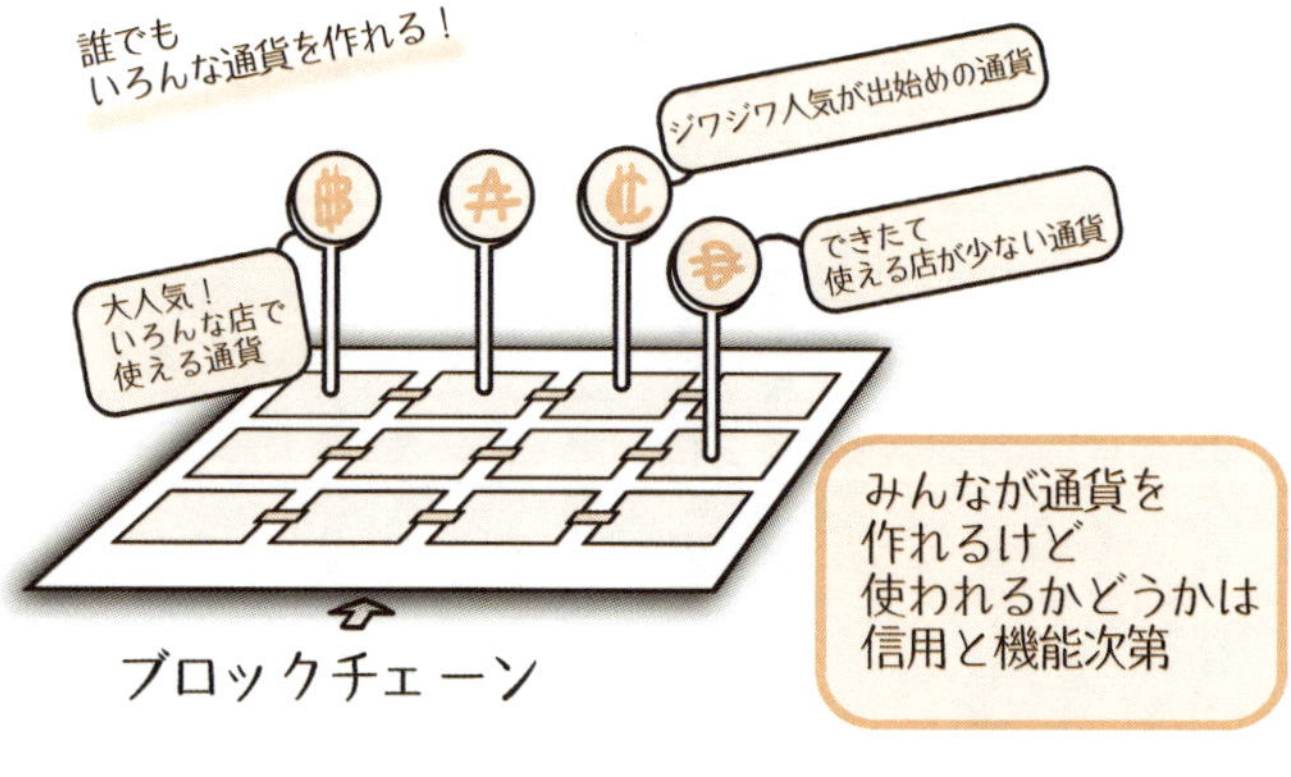

「いいね！」をお金に換える

仮想通貨で実現できることの例を、もう少し具体的に説明しようか。たとえば、私が歌手として生きていけるかもしれない。

そんな！　絶対ムリよ！

そこまで言わなくても……。**夢のような話だけど、仮想通貨は自由なうえに、多様性のある社会を作るんだ。**

多様性？　また難しくなりました。

さっきも言ったけど、今、私が歌っても、きっと誰も1円も払わないだろうね。じゃあ YouTube に動画を上げておいたら、無料なら聞いてくれる人がいるかな？

うーん、そういう趣味の人が1000万人に一人くらいはいるかもしれないですね。

だからそこまで言わなくても……。ただ、**「そういう趣味の人」が少しはいる、というのは多様性を示す大事な視点だ**。順を追って説明するね。私が歌で生きていくのに月収20万円必要だとしよう。それを歌で稼ぐには、たくさんの人に支持されないといけないことはわかるよね。

それはわかります。人気がないと売れません。みんながうっとりするような曲が作れて、誰もが憧れるようなルックスで、とろけそうな歌声で……。

落ち着くんだ、カナちゃん。きみの言う通り「誰もが」「みんなが」いいと思う歌手以外は、商売になりにくい。「ごく一部の人の趣味に合った歌手」は、生きていけないってことだ。

お金がないとライブもレコーディングもできないですもんね。でもそれって、なんか当たり前って感じもします。

たしかに、誰でも歌で生きていけるなんてことは、ありえないよね。でも、もしマツダの歌を好きな人がいて、「きみの趣味はおかしいからマツダの歌は諦めてね」ということになったら、あまり幸せな世界じゃない気がしないかい？

そっか、そんな思いをしている人がたくさんいるかも。みんなが歌手にはなれなくても、チャンスはどんどん広がったほうが幸せですね。

さて、ここからが本題だ。仮想通貨があると、歌手マツダに何が起きるか。

なんだか、歌手マツダを応援したくなってきました。

応援したい、というのはズバリ、キーワードだ。仮想通貨があれば、自分の趣味や価値観に合った人を、お金の面で実際に支援することができる。

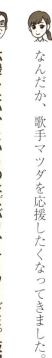

お金をあげるってことですか？　そんなのは仮想通貨じゃなくても、やろうと思えばできると思うんですけど。

まあまあ、焦らず話を進めよう。**仮想通貨を使った応援の手段として、有名なのが「投げ銭」だ**。すでにいろいろなところで活用されているんだけど、聞いたことがあるかな？　ストリートミュージシャンのギターケースなんかにお金を投げ入れるやつだ。それが仮想通貨でできる。**イメージとしては、「いいね！」をお金に換えるようなもの**と思えばいいよ。

なるほど。じゃあ、私がネットでマツダ先生の動画を観たら、「好評価」のボタンを押すだけで仮想通貨を送れるんだ。簡単だしポチポチ押しちゃうかも。

世界中で「投げ銭」が飛び交う

その**手軽さが、仮想通貨の魅力の一つ**と言っていい。円を送ろうとしたら大変だよ？　現金は書留じゃないと送れないし、手数料だってかかる。そもそもどこに送ればいいのか調べないとわからないし、ネットバンキングで振り込むにしても振込先口座が必要だ。どうやっても、スマホで動画を観た流れでパッと送ることなんてできない。今でも地道に頑張っているアイドルやバンドを懸命に応援しているファンはたくさんいるけど、お金での支援は結構ハードルが高いんだ。それにCDやグッズを買ったとしても、そのお金が直接アーティストに渡るわけじゃない。レコード会社や事務所などの取り分があるから、アーティスト本人にはほんの一部しかお金が入らないんだ。

仮想通貨の場合はそういうのが何もいらないんですか？

「投げ銭」の機能が実装されていればね。そんなサービスを提供しているサイ

トはすでにいくつもある。売り出し中のアイドルがたくさん登録されていて、サイト独自の仮想通貨をユーザーが「投げ銭」できるサイトとかね。

そうなんですね。まだ仮想通貨の仕組みはよく知らないけど、「いいね！」みたいな感覚だったらやれますよね。でも、うっかりたくさんお金を使っちゃうかも……。

仮想通貨はデジタルだから、「0・0001ビットコイン」みたいな超少額でも払えるよ。現金の振り込みやSuicaのような電子マネー

仮想通貨の「投げ銭」で〝好き〟を応援

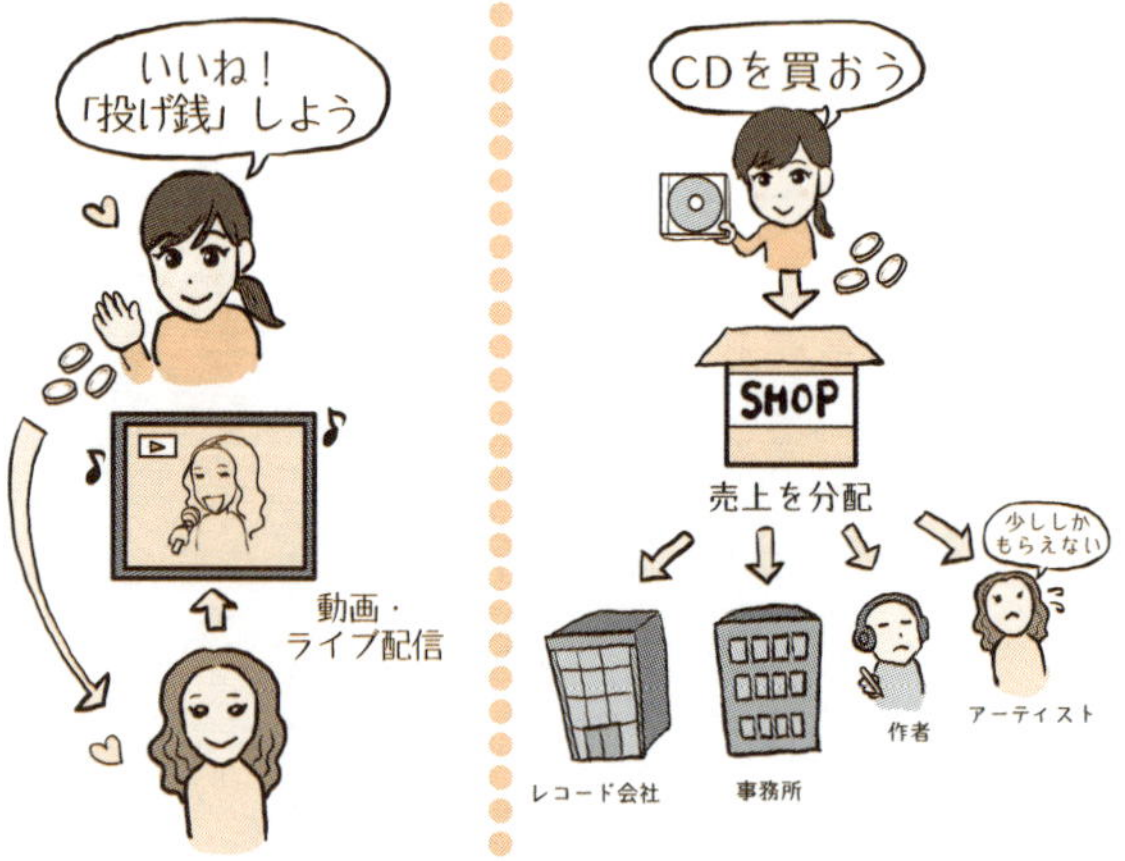

では最低1円だし手数料が何百円もかかる。だから、少額決済も仮想通貨のメリットだ。

ますますお手軽ですね。

それだけじゃない。**海外のアーティストに「投げ銭」するのだって簡単だ**。円のような法定通貨を海外に送金するのは、ものすごい手間だし、手数料も馬鹿にならない。それが**仮想通貨を使えば、「日本の財布からアメリカの財布に直接お金を送れる」ようなものだ**。自分が送りたいところへすぐに送れる。まさに自由だ。

歌手マツダは日本では人気がなくても、世界中を探せば「投げ銭」してくれるファンがたくさんいるかもしれませんよ！

そういうチャンスも広がるよね。SNSの登場で、「いいね！」という価値観を世界中にシェアできるようになった。日本のピコ太郎が、ジャスティン・ビーバーのツイートをきっかけに世界中の人気者になったよね。6万リツイートされたとか言われているけど、そのとき「投げ銭」ができていたら、途方もない金額が集まっていたかもしれない。**仮想通貨はSNSが世界中でつなげた共感や価値観を、今度はお金にまでつなげるものなんだ**。歌手マツダにも希望が出てきただろう？

お金の国境を越える

インターネットで海外の情報に簡単にアクセスできるように、**仮想通貨は経済の国境を軽々と越えていく**んだ。これは日本に暮らすみんなの仕事や生活にも大きくかかわってくる。

お金を簡単に外国へも送れるからですか？

それも一つだけど、もっと**大事なのは、仮想通貨なら、同じ通貨がいろんな国で使えること**だ。日本には円の経済があって、アメリカには米ドルの経済がある。もちろん、アメリカのお店で円を使うことはできない。事前に米ドルに両替しておく必要があるよね。でも代表的な仮想通貨のビットコインなら、アメリカやヨーロッパの国々、東南アジア諸国など、世界中で使えるんだ。日本にいながらネットショッピングで海外のものを買うこともできるし、旅行に行けば現地でそのまま使える。もちろんビットコイン決済を受け付けているお店や企業に限るけどね。

ビットコインを海外にどうやって持っていくんですか？

持っていく必要さえないよ。**ＱＲコードとかスマホのウォレットアプリを使って決済できるから、現金を持たずに海外旅行ができる。**

そうか！　それは便利ですね！　ようやく自分で使うイメージが湧きました。

でも、単に便利なだけじゃないぞ。さっき日本には「円の経済」、アメリカには「米ドルの経済」があると言ったけど、いろんな国で使えるビットコインは、どっちの仲間だと思う?

え? 急にクイズ形式ですか? 経済とか言われると難しいです。うーん、どっちでも使えるんだけど、どっちの仲間でもないと思います。

その通り。これが法定通貨と仮想通貨の大きな違いだ。**たとえばビットコインは、円の仲間でも米ドルの仲間でもなく、新しい通貨だから、新たに「ビットコインの経済」が生まれた**。そしてビットコインの経済は世界を股にかけているわけだから、円や米ドルよりも格段に領域が広いものとなった。

広いとか狭いとか、よくわからないんですが。

じゃあ円とビットコインを比べてごらんよ。円は世界的にも有名な通貨だけど、使えるのは日本だけだ。そういう意味では円の経済はとっても狭いし、円は超マイナーな通貨とも言えるね。

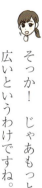

それを言ったらどこの通貨も同じじゃないですか？

そんなことはない。米ドルはアメリカ以外に、カンボジアやパナマやジンバブエなどでも使えるよ。ユーロはユーロ圏のどこでも使える。だからこれらは円の経済より少し広い。

そっか！　じゃあもっとたくさんの国で使えるビットコインの経済は、さらに広いというわけですね。

そういうことだね。これはビジネスにおいてもかなり大きなインパクトがある。仮にビットコインが完全に世界に普及すれば、いろんな面倒なことがなくなる。企業はビットコインで商品を販売し、ビットコインで社員に給料を払い、社員はビットコインを使って生活する。**もしそんな世の中になったら「お金の国境」もなくなるかもしれない。**

どういうことですか？

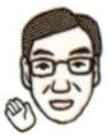

ものすごく単純な話にしてしまうと、世界中どこでも働けるようになるかもよ。今は、たとえばアメリカで働いて米ドルを稼いだとしたら、日本の家族に送る場合に両替と送金の手数料がかかるし、為替の影響も無視できない。**仕事と生活の場がそれぞれ別の通貨の経済圏にあると、何かと不都合がある**んだ。仮想通貨にはそれらを解消できる可能性がある。細かな法規制などは無視して話をしているけれど。

うーん、そんなものですかね。あんまり実感がないので、旅行の話のほうがわかりやすかったです。

そうかもね。でも、私たちの暮らしや仕事は思った以上に通貨に縛られている気がする。日本は円が基盤だから、必然的に円を稼いで、円を使う。**文化や言語と同じように、通貨も世界を分けてしまうものなのかもしれない**。

ビットコインの経済は国境を越える

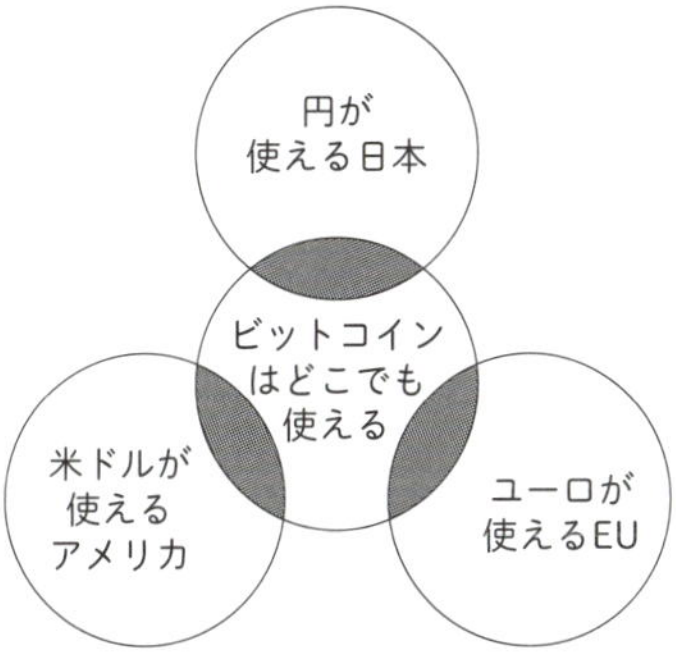

言語と同じか……。お金をそんなふうに考えたことはなかったです。世界共通言語ができたらスゴいと思いますけど、世界共通通貨もできたらスゴいですね。

仮想通貨は、法定通貨で仕切られた世界を、まったく別の一つの世界につなげる。これはちょっと飛躍しすぎかな。でも、通信技術の進歩で、情報の世界はどんどんつながっている。そこに仮想通貨という、お金の新しい選択肢が現れた。**これからは円のルールだけに従って生きるよりも、「みらいのお金」の世界に出ていくほうが、幸せになれる人もいるかもしれないね。**

個人の信用を売る時代

仮想通貨がそんな大きな話だったなんて、思ってもみなかったな。

そうかもしれないね。新しい通貨ができるということは、キャッシュレスで買い物ができるような利便性とは、根本的に違う話なんだ。**社会の仕組みに大きくかかわる仮想通貨は、「自由なお金」であり、「誰にも支配されずに独立した人生を送るためのパスポート」だと言える。**

何回かそんな話が出てきますけど、私は、そんなに管理されたり支配されたりしている実感はないなあ。

日本は比較的自由に暮らせる国だからね。でも秩序のある社会を作るということは、権力のある組織が全体を管理するようになることだったんだ。さてカナちゃんに一つ質問だ。法定通貨は国や銀行が作っていて、仮想通貨はみんなが

作れるようになったと話したよね。なんで今までは、みんなは通貨を作れなかったんだろう？

うーん、たくさんお札や硬貨を作るのが大変だからじゃないですか？　あとは、さっき聞いたみたいに、作っても価値がないから。でも今はインターネットがあるから、データの形でたくさん作れるし、「投げ銭」みたいな使い方もできるってことじゃないですか？　いい線いってません？

よく話を聞いていてくれてうれしいよ。でも、半分正解ってところかな。ちょっと意地悪なんだけど、これから話すことが、もう半分の正解だ。

え、ずるい！　先に教えてくれないとわからないですよ！

ごめん、ごめん。正解は「信用」がなかったからだ。**私たちが通貨を作ってみんなに使ってもらうには、信用してもらうことが欠かせないんだよ**。そしてこれまで、大多数の人が信用できるものといえば、国や銀行くらいだったわけ。

信用ですか。なんだか漠然としていてよくわかりません。

カナちゃんだって、一万円札があれば1万円分の買い物ができると信用しているし、偽札《にせさつ》なんじゃないかとか疑うことはないだろう？　でも、私がマツダコインを作って「この通貨は持っていると便利でお得だから買ってよ」と言っても、きっと買わないよね。

さっきのカナコインと同じです。使いようのない通貨はいらないですよ。

「いろんな企業に掛け合って使えるようにしてもらうから」と説明しても？

そんなの信用できません……あっ！

ほらね。結局は信用がないと、誰も使ってくれないんだ。

なるほど。じゃあこれからは、みんなが信用されるようになるから通貨を作れるんですか？　マツダコインが信用されるようになるなんて、とても考えられないですけど。

仮想通貨の信用には二つのポイントがある。一つは、「テクノロジーに対する信用」。これは仮想通貨を発行するなら誰もが得られる信用だ。テクノロジーの発達で、偽造や改ざんができない通貨を発行できるからね。偽札をつかまされるようなことはない。

ふーん。仕組みはよくわからないけど、カナコインもマツダコインも、偽造されるようなことはないんですね。

仕組みについてはまた別に説明しよう。**人が介在しないテクノロジーでできた仮想通貨はかなり信用されつつある**。逆に、米ドル紙幣や人民元紙幣は、想像以上に偽札の被害を受けていて、信用が揺らいでいるが、これはそれら紙幣の信用を傷つけることになる。

全然知りませんでした。国がちゃんと管理してくれているんじゃないんですね。

ほら、なんとなく「国がやっていることだから大丈夫」という感覚が私たちにはあるよね。知らない企業がやっていることには「怪しい」とか思ったりするけど、国がやっていることには、なんとなく安心するところがある。だけど実際は人間にはミスもあれば欲望も感情もあるから、機械のように合理的にはいかないよね。**その点、コンピュータのプログラムは、人が手を加えない限り勝手にルールを変えたりしない。「忖度《そんたく》」なんて言葉が流行《はや》ったけども、コンピュータに忖度はない。**

なるほど。それで、もう一つのポイントというのは？

それは「発行者に対する信用」だ。さっきまでの話のことだね。いくら**偽造されないといっても、その通貨が普及するかどうかは、発行する人や企業への信用の度合いによる。**

でも、どうやったら信用してもらえるのか、わかりません。

選挙で票を集める政治家や、出資を募る起業家と似たようなものだよ。通貨を発行して何をやるのか、その通貨を使うとみんなにどんないいことがあるのか、どうやってそれを実現するのか。そんなことをプレゼンするわけだね。幸いにも今はインターネットがあり、個人が自由に情報発信できる。

そんなに大変そうなことを、個人でやれるのかな。

SNSを見てごらん。**今は誰もが自分なりの主張をする時代**だろう。そしてどんな主張にも、たいていはそれなりの賛同者がいる。きみが言ったように、雑誌に書いてあることでも疑われることがあるし、個人が発信した情報のほうを信用する人が多くなっている。これだけ情報があふれているんだ。きみだって「誰が言ったか」をとてもシビアに見ているはずだよ。

たしかに、信用する前にいろいろ検索したりして自分で調べることが多いです。

その人が過去にどんな発言をしていたかとか、何をやってきたか、どんな人や組織とつながっているか、何を考えているのか。そういったことの積み重ねが信用につながる。そして信用があれば、テクノロジーの力を使って個人がメディア化することも、通貨を発行することもできるようになった。**今は「個人の信用を売る時代」と言ってもいい**。

お金の未来は生き方の未来

なんだか歌手マツダの話から、どんどん「意識高い系」の話になってきましたね。ところで先生、素朴な疑問なんですけど、外国でも仮想通貨はよく使われているんですか？　使えない国もあるんじゃないですか？

仮想通貨の扱いは国の方針によってだいぶ異なるね。中国やロシアでは規制しようという動きが強い。一方でアメリカなどは、好意的に受け入れている。

先生の言うように自由で多様性のある「みらいのお金」なら、みんな使ったほうがいいんじゃないんですか？

考え方はそれぞれだからね。国にとっても個人にとっても、絶対にどちらがいいとは言い切れないよ。特に国によっては仮想通貨を脅威とみなすこともある。

怖いってことですか？　なんでだろう。

法定通貨と仮想通貨は、思想としては統制と自由、正反対のものとも言えるんだ。もっと難しい言葉では、**法定通貨の仕組みは「中央集権型」、仮想通貨の仕組みは「非中央集権型」**だと言われている。国がしっかりコントロールしたいと考えれば、法定通貨のほうが適している。

うーん、政治の話は難しいです。

単純に言うと、ビットコインのような仮想通貨がどんどん出てきて、法定通貨を使わない仕事や消費が増えていったら、国は困ってしまうんだ。実は**お金は、国や国民の状況を管理することに使われている**んだよ。会社の売上を見ればどんな産業が儲かっているかわかる。国民の所得や消費額を見れば景気がわかる。そんなことから政策を決めたりもする。みんなが法定通貨を使って、ちゃんと税金を納めていれば「お金の動き」は把握できるけど、それがなくなったら、

ビットコインには発行者も管理者もいない

うまく管理できなくなってしまう。

なんだか「みらいのお金」がよくないものに思えてきたんですけど。

一面だけを見ればそうだろう。だから、いいところと悪いところを両方きちんと知って、考えないといけないね。

わかりました！　もちろん先生は「みらいのお金」がいいと思うんですよね。

そうだね。**仮想通貨には、人が今よりも自分らしく、幸せに暮らせるようになれる可能性があると思う。でも、そのためには解決すべき課題がたくさんある。これからどんな社会を自分たちが望むのか、「みらいのお金」について考えることは、自分の生き方を考えることと同じだと思ってほしい。**

今までなんとなく「現金派」だったけど、ちょっとだけ未来のことを考えられるようになりました！

1時間目のおさらい

- 仕事の仕方や生き方まで変えるのが「みらいのお金」
- 仮想通貨は誰でも発行できる「自由なお金」
- SNSで個人がメディア化し、仮想通貨で個人が銀行のようになる
- 仮想通貨は国を越えて自由に交換できる
- 趣味や共感がお金に変わる時代が来る
- 仮想通貨で誰もが新しい経済圏を作ることができる

2 時間目

仮想通貨って
そもそも何？

トシくん、この間はマツダ先生を紹介してくれてありがとう！　とっても勉強になったよ。

それはよかったね！　じゃあ、さっそく脱・現金派する？

もうちょっといろいろ勉強してからね。トシくんは仮想通貨も使っているの？

ビットコインは少し持っているんだけど、買い物に使う感じではないなあ。どっちかというと電子マネーをよく使ってる。

どうして？　マツダ先生の話だと、これから仮想通貨が「みらいのお金」になるってことだったんだけど、電子マネーのほうがいいの？

いいっていうか……やっぱり使える店が多いし、ポイントが貯《た》まったりするし。

なんか、またわかんなくなってきた。脱・現金派もいいけど、仮想通貨とか電子マネーとか、いろいろあって何が一番いいのかさっぱりだ。

そう言われると、たしかにうまく説明できないなあ。

マツダ先生に聞いてみよっと。

仮想通貨と電子マネーは何が違うの？

やあカナちゃん、よく来たね。「みらいのお金」について何か気になることがあるのかい？

こんにちは！　えーっと、いろいろ気になるんだけど……そもそも仮想通貨ってなんなんですか？　この前のお話でイメージはわかったんですけど、電子マネーとかポイントとかもあると、混乱しちゃって。何が違うんですか？

なるほど。じゃあ今回は少し話を進めて、仮想通貨の仕組みについて教えようか。まず買い物で支払いに使えるものを、現金とそうでないものに分けてみよう。

現金はお札と硬貨ですよね。そうじゃないのは、Suica みたいな電子マネーと、ポイントカードと、あと何があるかな。

まだあるよ。カナちゃんの財布には何かカードが入っていないかい？

あ、クレジットカードも持ってる。でもこれはお札とかと同じ？

いや、現金じゃないから分けていいんだよ。それから肝心の仮想通貨も忘れちゃいけない。さあ、現金とそうでないものの違いはなんとなくわかるかな？

うーん、現金は実物のお金で、それ以外は物じゃなくて、データ？

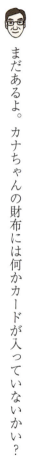

データ上のお金いろいろ

●現金を使わずに円を支払うための手段
〈交通系カード型電子マネー〉 鉄道会社などが発行。あらかじめ円をチャージして使うプリペイド式の電子マネー。 Suica　PASMO　ICOCA　TOICA　Kitaca　SUGOCA manaca　nimoca　PiTaPa　など
〈流通系カード型電子マネー〉 小売系企業などが発行。あらかじめ円をチャージして使うプリペイド式の電子マネー。 楽天Edy　WAON　nanaco　iD　QUICPay　など
〈クレジットカード〉 クレジットカード会社が発行。カード会社にお店への支払い代金を立て替えてもらう。 JCB　Visa　Mastercard　アメリカン・エキスプレス　など
〈デビットカード〉 金融機関などが発行。預金口座から直接引き落として支払う。 三菱UFJ-VISAデビット　Visaビジネスデビット　JNB Visaデビットカード　など
〈プリペイド型専用電子マネー〉 主にウェブコンテンツの配信会社などが発行。利用したい金額分のカードを購入して専用コンテンツで使う。 ニンテンドープリペイドカード　LINEプリペイドカード　GooglePlayギフトカード App Store & iTunesギフトカード　Apple Musicギフトカード　など

●限られたサービス圏内でのみ使える通貨以外の支払い手段
〈ポイントカード〉 小売系企業などが発行。企業独自のポイントを貯めて、加盟店でのみ円の代わりに支払いに利用できる。 Tポイント　Ponta　楽天ポイント　dポイント　マイレージ　DMMポイント　など

●円ではない独立したデジタル通貨
〈仮想通貨〉 さまざまな企業や団体、個人が発行。支払い方法として認められている店舗でのみ、利用できる。 ビットコイン　イーサリアム　モナコイン　など

その通りだ。現金以外は、データでやりとりする。こうやって大きく分けると、**「データ上のお金」という括《くく》りでは、仮想通貨も電子マネーも、ポイントやクレジットカードも同じだと言える。**

実物じゃないお金、ってことはわかります。でも、仮想通貨とクレジットカードは全然違いますよね。

何が違うと思う？

だって、クレジットカードで買い物するときは現金じゃないけど、１万円なら１万円をあとで払うじゃないですか。でも仮想通貨は１ＢＴＣ（ビットコイン）とかってポイントみたいな感じになってて、円とは違う通貨だってこの前教えてもらいました。

そうだね。じゃあ Suica のような電子マネーはどうかな？

COLUMN

仮想通貨という名前は間違い？

仮想通貨とは、ビットコインのように、ブロックチェーンなどの暗号技術を使って仮想空間に作りだされた通貨のこと。暗号技術を使ってセキュリティを強固にすることで、仮想空間内での偽造や盗難、二重使用などを防いでいることから、暗号通貨とも呼ばれます。

日本では、法律の文言で「仮想通貨」を採用したために、仮想通貨という用語が定着しましたが、実は海外では「クリプトカレンシー」、つまり暗号通貨という呼び方が一般的です。

本書でも日本の法律にならって、聞き慣れた「仮想通貨」という名前を使っていますが、著者もふだんは「暗号通貨」と呼んでいます。

なぜならば「仮想通貨」の肝は暗号技術にあるからです。現在の「仮想通貨」は、ビットコインも含めて、そのセキュリティが万全とは言えないし、利便性、信頼性、信用などの点から見ても、通貨としてはまだ、いろいろな問題があります。

ですから、いわゆる「仮想通貨」はまだ真の意味で通貨にはなっていないと思います。最近では金融庁も各国の通貨当局も「通貨」ではなく、正式には「暗号資産」という言い方をするようになりました。

将来的に、より強固な暗号技術を採用し、これらの問題が克服された「暗号通貨」が誕生したときに、本当の「みらいのお金」が始まるでしょう。

Suica は円ですよね。1000円チャージしたら1000円として使えます。電子マネーも仮想通貨も同じ「データ上のお金」だけど、電子マネーは円で、仮想通貨は円じゃない、って覚えればいいんですか？

意味合いとしては間違っていない。電子マネーは、あくまでも円を払うための手段の一つで、仮想通貨はそもそも円じゃない。そして仮想通貨にはもう一つの特徴がある。それは「暗号化」という特別な仕組みを持っていること。だから**海外では、ビットコインなどを、仮想通貨ではなくて暗号通貨と呼んでいるんだ。**

何が違うのか、よくわかりません……。

実物じゃないという意味では、仮想通貨も電子マネーも同じ仲間だと言ったろう？　だけど「暗号」というところに違いがあるんだと覚えておくといいよ。

お店のポイントは電子マネーなの？

ところで、円じゃないんだけどお店で買い物に使えるデータ上のお金が、もう一つあるよね。

なんだろう……あ、お店のポイント？

その通り。Tポイントなんかが有名だね。１００ポイントあれば１００円の買い物ができる。じゃあこれも仮想通貨と言えるかな？

えっ？　ポイントはお金とは違うと思っていました。だって、使えるお店も決まっているし。

Suicaだって、対応しているお店や駅でしか使えないよ。

うーん、でもSuicaは１０００円とかって表示されるから、ちゃんとお金って気がする。それにSuicaの１０００円はちゃんと現金の１０００円でチャージしているけど、ポイントは「１０００円の買い物で10ポイント」とか、オマケみたいにもらえます。

たしかに、**ポイントは現金で買うことができない。それが、法律上、電子マネーとポイントを分ける大きな違いの一つ**だ。逆に言えば、その点を除けば、お店のポイントと電子マネーは、買い物ができるという面では大きな差はないよね。

そんなことはないです。だって、Suicaは現金やクレジットカードがあればいつでもチャージできるけど、ポイントはできないじゃないですか。だから、ポイントは「貯まってるな」と思ったら使うもので、お金じゃなくて「お得なサービス」って感じがします。

なるほど、それは正しいね。お店がポイントをつけるのは、また次回も来店し

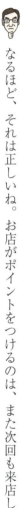

てもらうためのサービスだ。だからＴポイントは、Ｔポイントの提携先のお店でしか使えない。でも円である電子マネーや、ビットコインなどの仮想通貨は、お店が対応してさえいれば、どこでも使える。通貨とポイントは違うんだね。

ほら、やっぱりポイントはお金じゃないですよね。

正解。だけど、ポイントもどんどん利用の幅が広がっていて、お金にすごく近いものになってきているのもたしかだ。たとえば、昔のＴポイントはＴＳＵＴＡＹＡでしか使えなかったけれど、今は全国のファミリーマート、ジョナサン、ドトール、吉野家、ロッテリア、ヤフー、ソフトバンクなどで、使うことも貯めることもできる。他のポイントに交換することも、現金に交換することもできるようになった。

ポイントを現金にできるんですか？

そうだよ。ただし、１ポイント＝１円よりもちょっと少なくなるようだね。し

かし、現金とまではいかなくても、電子マネーに交換できるポイントはたくさんあるぞ。楽天ポイントは楽天 Edy にチャージできるし、JR東日本のJREポイントは Suica にチャージできるようになっている。イオンの Waon やイトーヨーカドーの nanaco は、ポイントを電子マネーに交換できる。しかも1ポイント＝1円分の電子マネーだ。**いろんなお店で使えて、電子マネーとも交換できるようになったポイントは、限りなく電子マネーに近いと言える**ね。

なんとなく仮想通貨とか電子マネーの違いがわかった気がしていたけど、また同じもののように思えてきました……。

正確にはそれぞれ違うものだけど、買い物に使えるデータ上のお金という意味ではみんな仲間だ。

最初のお話に戻りましたね。

その中でも仮想通貨は、円とは違う独自の通貨で、暗号技術を使っている。ま

ずはこれだけ覚えておこう。

3分でざっくりわかるブロックチェーン

さて、このへんで仮想通貨とは何かを定義するために、技術的な特徴についても話していこうか。専門的な部分はなるべくはしょっていくよ。大切なのは、これからカナちゃんが「みらいのお金」とどう向き合うかを考えられるようになることだからね。まず、**仮想通貨がスゴいって話をしてきたけれども、もっと正確には「仮想通貨を実現するための技術がスゴい」という話なんだ。**

インターネットのことではなくて？

それも前提として大事なものだね。だけど、最近になって**ビットコインをはじめとした仮想通貨が出てきたのは、「ブロックチェーン」という技術のおかげ**

なんだ。聞いたことがあるかい？

あ！　聞いたことあります！　なんのことだかさっぱりですけど。

ブロックチェーンは、いわゆるデータベースなんだ。しかも、改ざんが不可能な電子データと定義されている。もっとかみ砕いて言うと、**いろんなことを記録して保管しておくためのデジタル台帳**かな。日本語ではブロックチェーンを「分散型台帳技術」と訳したりする。

台帳、と言われても、なんかうまくイメージできないなあ。

カナちゃんも家計簿なら知っているだろう？　いつ、誰に、いくら払って、何を買ったかを書いておくよね。そのデジタル版がネットワーク上にあるようなものだ。

なるほど。でもそれが仮想通貨の発行とどう関係しているんですか？

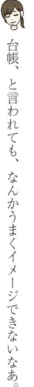

そこだね。なぜブロックチェーンがあれば仮想通貨を作れるのか。それは、**ブロックチェーンが「ほぼ絶対に、記録が不正に書き換えられたり、なくなったり、盗まれてしまったりしない」台帳だから**だ。カナちゃんの家計簿が誰かに勝手に書き換えられたり、すぐ盗まれちゃったりしたら、困るよね？

当たり前ですよ！　スケジュール帳ならまだしも、お金の管理はちゃんとしないと！

そこなんだ。デジタルな通貨の構想自体は昔からあったけど、不正や間違いが絶対に起こらないようにする技術がなかった。そこに現れたのがブロックチェーンだ。

たしかに、クレジットカードの会員情報が流出したとか、年金の記録が間違っていたとか、ニュースでも聞きますよね。そういう怖いことが起こらないなんてスゴいですね。でも、どうして？　今までのやり方と何が違うんですか？

その**キーワードが「分散型」**だ。

分散型の何がポイントなんですか？

どうして分散型の台帳システムが誕生したのか、順を追って説明していこう。そもそもデータベースというのは、常に最新情報に書き換えておかなければいけないものだから、普通は一つしかない。カナちゃんの家計簿が2冊あったら、混乱するよね？

はい。どっちが新しいのかわかんないし、間違えちゃいそう。

でも家計簿が一つしかなかったら、それをなくしたらおしまいだ。それはそれで怖くないかい？

うーん、新しく書き込むたびに、コピーをとっておくとか。でもそれも面倒ですね。

コピーがあればちょっとだけ安心だけど、大変だよね。それに、どんなにきちょうめんな人でも、うっかり忘れることがある。

そうですね。私は自信ないです。

コピーがもっと楽にできたらいいのに、というところで出てきたのがコンピュータだ。今は一般の家庭でも、パソコンを使って、ペーパーレスで記録を保管できるよね。こうして電子データで台帳がつけられるようになると、コピーが格段に楽になった。コンピュータにコピーを命令して別の場所に保存するだけでよくなったんだ。いわゆる「バックアップ」というやつだね。

なるほど！　最近は自動でバックアップをとってくれるから安心です。うっかりデータを消しちゃっても、すぐ元通りにできますもんね。

そうだよね。でも実は、技術的にはそれでも安心とは言えないんだ。カナちゃんは安心しているかもしれないけど、もしバックアップのデータに誤りがあったらどうする？

そんなことを言ったらキリがないですよ！　バックアップのバックアップの、そのまたバックアップがないとダメになっちゃうじゃないですか！

まったくカナちゃんの言う通りだ。でも現実には、バックアップが行われる前に元のデータが損なわれたり、改ざんされたりする危険性はある。

えー……そこまでいったら諦めますよ……。

カナちゃんの家計簿だったらいいかもしれないけど、会社のお金とか、みんなのお金となると、そうはいかない。そこで考え出されたのが分散型だ。

山ほどバックアップをとっておくってことですか？

ブロックチェーンはデータを分散して守る

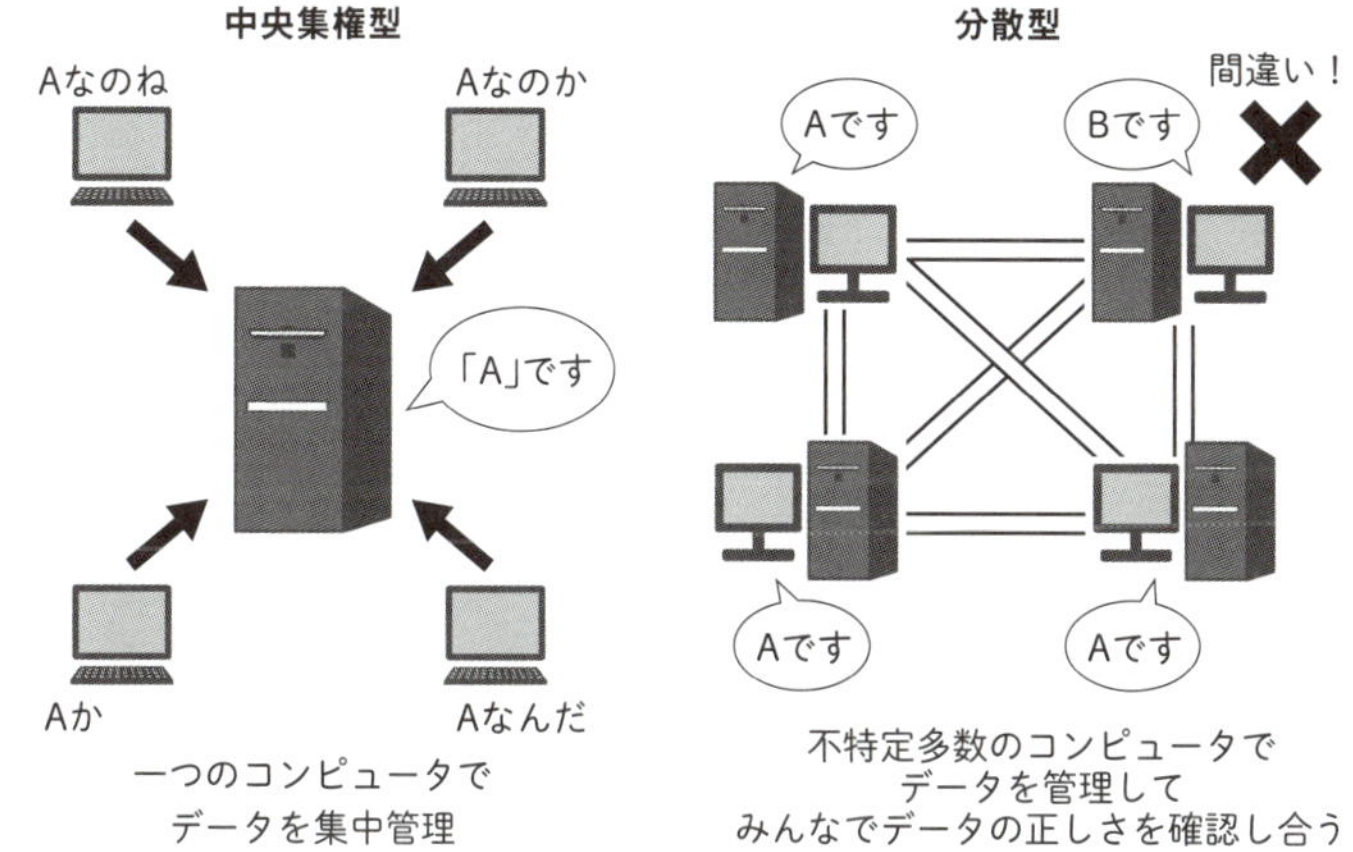

一つのコンピュータで
データを集中管理

不特定多数のコンピュータで
データを管理して
みんなでデータの正しさを確認し合う

近いけど、ちょっと違う。分散型では、**新しく書き込む時点で、同時に複数のデータベースに記録するんだ。カナちゃんがつけた家計簿をコピーするのではなくて、最初からいくつもの家計簿に、いっぺんに書き込むってこと**。

なるほど！　って、そんなことできるんですか？

もちろん人の手では不可能だ。だけどＩＴが進歩して、遠く離れた場所にある複数のデータベースに同時に書き込むことが可能になった。ビットコインの場合、台帳を記録するサーバの数は1万台以上（Bitnodes調べ、2019年1月現在）あると言われている。個々のサーバーのことをノード（結節点）と呼ぶ。それぞれのサーバはもちろんインターネット回線を通じてつながっている。

1万台！　それだけ多く記録しているから、事故や間違いが起きないんですか。

それがバックアップではなく分散型が安心なところだ。たとえば**1台の記録が「B」になっていたとしても、他の9999台が「A」と記録していたら、どちらが正しい記録かは明らか**だよね。

Aが正しいですね。

しかも、それらのサーバは、**ビットコインが誕生してから現在までの約10年間の取引すべてを記録している**んだ。そして台帳自体へのハッキングは過去に一度もなされていない。

ブロックチェーンのすごさが少しわかってきました。

ブロックチェーンが画期的なのは、それだけじゃない。従来の台帳は、政府や銀行などの中央集権システムが厳重に保管しておくものだった。分散するにしても、結局は銀行や政府の中だけで管理していたわけだ。ところが**ブロックチェーンにおける台帳は、お互いにまったく無関係な人たちが、サーバを提供し合って「みんなで監視する」ことで成り立っているんだ。**

え？　全然知らない人たちにバラまかれているなんて、ちょっと怖くないですか？　すごく悪い人がその中にいるかもしれないですよ。

その心配は無用なんだ。さっきも言ったように、何か悪いことをしてもすぐにバレる。具体的に説明しようか。たとえばきみがネットで何かを買って、１ＢＴＣを誰かに送るとしよう。このとき、大切なのはなんだと思う？

私の送った1BTCが、お店にちゃんと渡されることです。

そうだね。もしきみが悪い人だったら、その記録を改ざんするかもしれない。たとえば、「お店は1BTC増えた」としておきながら、「カナちゃんの1BTCは減っていない」ことにできるかもしれない。それができたら、別のお店に1BTCをもう一度払うことができてしまう。いわゆる「二重払い」というやつだ。

タダで無限に買い物ができちゃいますね。

そうだ。電子データである限り、いくらでも書き換えは可能だ。どんなに暗号などで守ろうとしても、いつかどこかでそれが破られて、いきなり何千億ものビットコインを持つハッカーが現れないとも限らない。

でもそれってビットコインだけじゃなくて、Suica とかの電子マネーにも同じ危険がありませんか？　もし私が Suica のデータを好き放題に変えられたら、

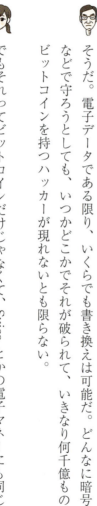

いつでも無料でチャージできて、お金が使い放題になるってことですもんね。

もちろん犯罪対策が施されているから、そんなに単純な話ではないだろうが、理論的にはそうだね。だから Suica のチャージ金額の上限は2万円と少額に設定されている。

1回で2万円が上限だとしても、何回も繰り返せば実質、無限ですよね。

何回も繰り返しているうちに、お金の使い方が怪しいとバレてつかまるようになっているが、根本的な対策はできていない。では不正利用を根本から防ぐためにはどうすればいいか。簡単なのは、すべての取引履歴をずーっと記録して管理することだ。

どうしてそれで不正がわかるのか、いまいち理解できないんですけど。

じゃあ現金にたとえようか。カナちゃんの持っている千円札をマツダが受け

取って、次にトシくんに渡す、という取引があったとするよね。この正当な履歴は一つしかない。ところがマツダが千円札をコピーして、トシくん以外にも渡していたら、どうだろう？　精巧にできたコピーだったら、受け取ったほうも気がつかないよね。

私も気づかないと思います。そもそも、疑うことがないですし。

だけど、取引履歴をカナちゃんのところまでさかのぼれば、どれが不正なコピーなのかがわかる。「カナちゃんからマツダが受け

取引履歴がわかれば不正を防げる

取った千円札」は世の中に1枚しかないんだから。

なるほど。同じ見た目の千円札が複数あったとしても、不正なコピーは私から先生に渡したものじゃなくて、突然マツダ先生の手元に現れたようなものですよね。

そういうこと。だから**ビットコインが受け渡されてきた履歴をシステム全体で把握していれば、そのお金が正当なものかそうでないかはすぐにわかる。**出所不明の怪しいデータがもし発見されたら、使えなくしてしまえばいい。

そう考えると、むしろ現金のほうが偽造しやすいかもしれませんね。千円札がどこからどこを渡ってきたのかなんて、どこにも記録されていないですもんね。ビットコインは、どうやってみんなの履歴を管理しているんですか。

そこがブロックチェーンの肝だ。まず、きみがお店に1BTCを送ったという情報が、1万台以上あるノードの一つに知らされる。このノードが、また別の

ノードに同じ情報を伝える。こうして**順番に情報が伝達されて、最終的に1万台以上のノードがすべて、その事実を確認する。**

なるほど。でも、通信のエラーみたいなことって絶対にないんですか？　それにお店の人が悪い人で、「2BTCを受け取った」ってウソの情報を流したらどうなるんですか？

さっき言った通り、ノードの1台が2BTCと記録していても、残りのノードが1BTCと記録していれば、1BTCのほうがたしかということになる。

あ、そうか。でもそれって多数決ってことですよね。ノードの人たちが協力し合ったら、どんなウソでも「正しい」ってことになるんじゃ？

そこで「ブロック」が必要になってくる。ビットコインのブロックチェーン上には、毎分、何百件もの送金記録が流れている。これを1000件くらい集めて混ぜてひとかたまりの暗号化したブロックにするんだ。新しいブロックは10

分ごとに作られるんだけど、その間に、取引内容が正しいかどうかを各ノードが確認している。そのわずか10分の間に、過半数を超える5000台以上のノードの記録をすべて改変するのは事実上不可能に近いだろう。

不特定多数の参加者で情報共有する仕組み

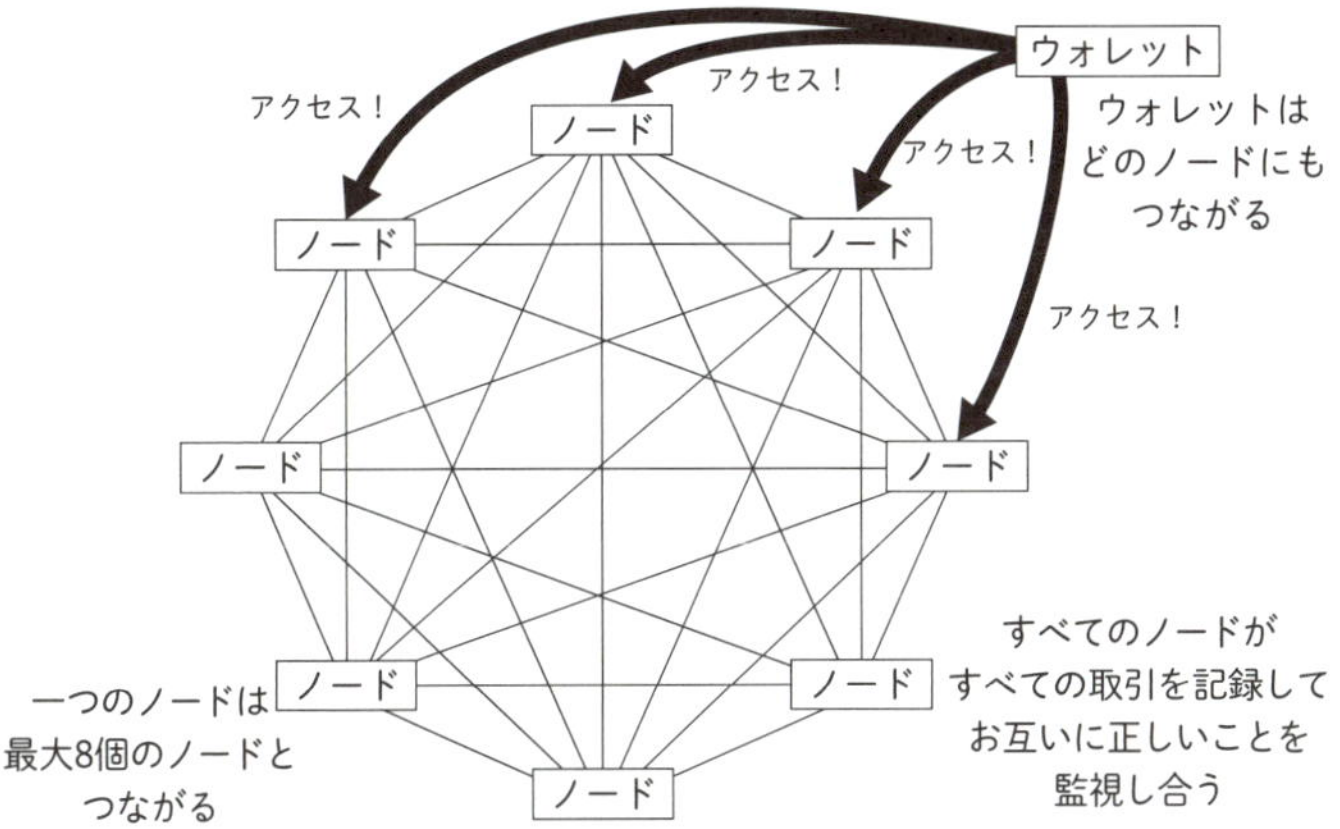

あとからブロックの中身を書き換えられることはないんですか？

大丈夫。それを防ぐ仕組みが「チェーン」にある。**ブロックチェーンに作られた各ブロックは、1本の鎖（チェーン）のようにつながっている。そして新しいブ**

ロックの中には、前のブロックの取引内容を簡単にまとめた情報（ハッシュ）も含まれる。だからチェーンの途中のブロックを書き換えると前後のブロックの内容と一致しなくなってしまうんだ。

ふーん、なるほど。**つじつまが合うように書き換えようとしたら、そのあとの全部のブロックを書き換えないといけない**んですね。10年分の記録なんて、とても書き換えられないわけだ。

とはいえ、注意しないといけないこともある。改ざんが難しいのは、

ブロックとチェーン

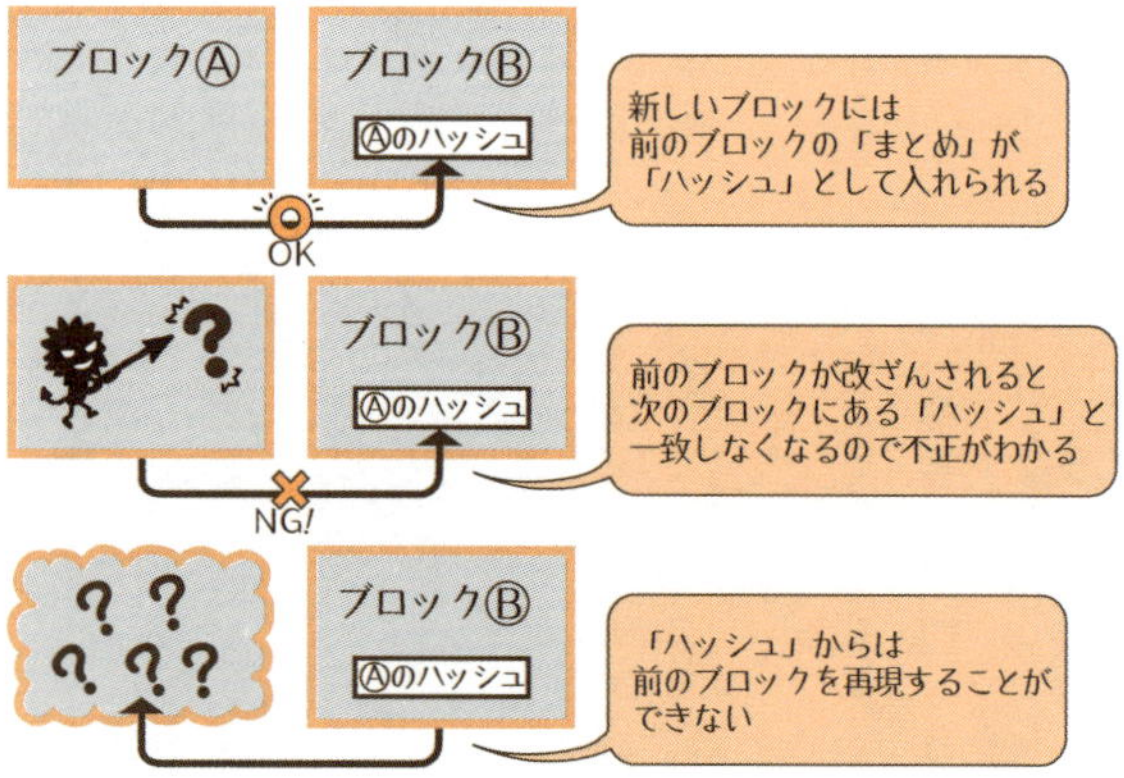
ブロックⒶ
ブロックⒷ
Ⓐのハッシュ
新しいブロックには
前のブロックの「まとめ」が
「ハッシュ」として入れられる
OK
ブロックⒷ
Ⓐのハッシュ
前のブロックが改ざんされると
次のブロックにある「ハッシュ」と
一致しなくなるので不正がわかる
NG!
ブロックⒷ
Ⓐのハッシュ
「ハッシュ」からは
前のブロックを再現することが
できない

ビットコインのように大規模なチェーンだからだ。**発行されたばかりの通貨などは、過半数のノードのデータをコントロールされてしまう危険がある。** 1万台のうちの5000台は無理でも、100台のうちの50台なら、できるかもしれないよね。というか実際に、過半数を押さえられて不正に盗まれたりした仮想通貨の例がいくつか報告されている。これらを「51％攻撃」とか言うんだけどね。

取引履歴が全世界に丸見え

ここまで説明してきた通り、ブロックチェーンは、理論的にはとても優れた技術だけれども、まだまだ運用の面で課題があることもたしかだ。ただ、**私が本当に革命的だと思うのは、「みんなで管理しよう」という設計思想のほうだ。**

分散型っていうことですか？

それも含めて、すべての記録を公開していることだ。ビットコインは取引が全部記録されていると話したけど、その履歴は誰でも見ることができる。

取引した人だけじゃなくて？

そうだよ。まったくの第三者でも見られる。**ビットコインの取引を専門用語では「トランザクション」と言うんだけど、トランザクションを閲覧できるウェブサイトが公開されているんだ。**どんどん履歴が更新されていくから、ビットコインが流通している様子がよくわかるよ。

でも、自分の買い物の履歴とか値段が公開されたら、私はちょっと嫌だな。

普通はお金のやりとりというのは、あまり人に知られたくないよね。安心していいよ。個人情報までは公開されていないから。

すごい技術者みたいな人が調べたらバレたりしない？

ビットコインの取引をする場合、「ビットコインアドレス」というものが発行される。アカウントみたいなものと思えばいいかな。そのアドレスは、名前や住所や連絡先など入力せずに手に入る。つまり**ビットコインのブロックチェーンには、ユーザーの個人情報はそもそも一切含まれていない**わけ。**公開されているのは、あくまでもビットコインが移動した履歴**なんだ。

名前や住所を登録しなくても使えるってことですね。それなら安心かな。

話を戻そう。こうしてみんなが自由に使うことができて、履歴もみんなで見ることができるところが、ビットコインのオープンな考え方をよく表している。前に、仮想通貨は「非中央集権型」の仕組みだと説明したよね。

はい。反対に、法定通貨が「中央集権型」でした。

中央集権というのは権力が一極に集中することだ。政府がしっかりと国を管理統制しようとすれば、当然、権力が強くなる。もちろん、多くの国々が民主主義なので、独裁政治のようにはならない。でも、よく考えてみると、民主主義で実際に国民が政治や政府に対してできるのは選挙で投票することくらいだ。

選挙で選んでいるんだから、公平なのかなとは思うんですけど。

国民の意思が選挙で示され、政府を監視できるという建前なんだが、実は、ここに大きな限界があるんだ。**民主主義は要するに多数決で物事を決める仕組みなんだけど、裏を返せば、少数派には諦めてもらう仕組みだ**。乱暴な言い方だけど、多数派の意見だけが国民に押し付けられてしまうとも言える。

そう言われれば、そうですね。でも全員の思うようにはできないので、仕方ないような気もします。

その限界を、情報技術の力で突破できる可能性を秘めているのが、まさにブ

ロックチェーンであり、仮想通貨なんだ。SNSを見ればわかるように、今は個人が組織や国の垣根を越えてつながり、情報を交換して、多様な価値観を持つようになっている。たとえ少数でも多様な意見があり、多数決で一律には決められない世の中だ。「多数決の横暴」という言葉だってある。

たしかに。前に話したマツダ先生が歌手になる話も同じですよね。全国民で多数決をとったら歌手マツダは廃業だとしても、一部のファンがいるのだとしたら、「残念だけど我慢してね」というのも、なんか違う気がします。

そういう時代になったからには、社会全体が次のステップに進む必要があると思うよ。**中央集権型の仕組みの他に、もう一つ、一人ひとりが自由に価値を追求できるような、分散型で分権型の仕組みも用意されているべき**だ。

役割分担のようなことですか？

そうだね。政府が中央集権の仕組みでやるべきことはたくさんある。たとえば、

国民の安全を守ること。防衛とか防災とか治安の維持とかがそうだ。仮想通貨との関係でいえば、サイバー攻撃から国民を守ることも国の役割だ。日本の場合、そういった、本来は国が担うべき大事な機能を政府が十分に果たしていないのではないかという議論がある。その点は、民主主義の監視のもとで国の機能を強くすればいい。でも、**私たちの日常生活とか経済活動なんかは、国民がもっと創意工夫して、自分のやりたいことを自分で決めていく自由な仕組みに任せたほうが、多様な価値が生まれて国全体が豊かになるはず**だ。「みらいのお金」というのは、そうした分散型の仕組みを支えるものなんだ。

なんとなくわかります。**もっと自由に伸び伸びと好きなことができる世の中になる**っていうことですよね。何もかも中央集権だと、偉い人がこっそり悪いことをして、もみ消しちゃうっていうこともあるんじゃないですか。

その面はしっかりと監視しなくてはならないけれど、全部を一人に任せてしまえば、その人の悪いところを誰も監視できないということはある。私が家の収入から支出まで全部一人で管理していたら、いくら収入があって、何にいくら

使ったのかをどうとでもごまかせる。家族にはマツダ家のトランザクションがまったく公開されていないので、絶対にバレない。

それでいて家族には「食費は月3万円までだ」とかルールを決めるんでしょ？　とんでもない人ですね。見損ないました。

いや、その……たとえ話なんだけどね……。でもまあ、そういうことは会社などでもありがちな話だ。とはいえ、無法地帯のままでは社会は成り立たないから、基本的には民主主義に沿う形で中央集権化してきたわけだ。

仮想通貨というか、ブロックチェーンはそれとは真逆ですけど、管理者がいなくても無法地帯にはならないんですか？

それは、瞬時に世界中で情報共有ができるＩＴのなせる業だね。高速通信や大容量の記録媒体がなければ、ブロックチェーンは機能しないからね。そんな技術を使って、**みんなが平等の権限を持ち、みんなで監視し合って、それぞれの**

価値を追求しようというのが「みらいのお金」の発想なんだよ。

ブロックチェーンは正直者のシステム

革命的なんて大げさだなと思ってましたけど、本当に社会のルールが変わる感じがします！　ウソつきはブロックチェーンを使えませんね。

そう、すごくいい着眼点だ。**ブロックチェーンは、正直者しか使えないシステムと言っていい**。後ろめたいことや、悪い考えのある人は使いたがらないだろう。まともにビジネスをしている会社はすべて帳簿をつけている。お金を使う人のすべてが、帳簿を正しくつけて、お金の流れが完璧に把握できるようになる世界が、仮想通貨では当たり前になるんだ。**お金の流れはそもそも隠すものではない**。もし隠したいという人がいれば、その人は脱税やマネーロンダリング（資金洗浄）など、後ろ暗いことをして儲けているかもしれない。

お金の流れがオープンになって困るのは悪い人だけなんだ。

仮想通貨の普及に国をあげて取り組んでいるエストニアや、キャッシュレス大国のスウェーデンには、銀行と税務署を連携させることで、自動的に確定申告額を計算できるシステムがある。異議がなければサインするだけでおしまい。それだけ税制もシンプルになっているし、収入や支出もオープンなんだ。

すごい。随分と進んでいる国もあるんですね。

日本の会社員も、ほとんどの人は会社が代わりにやってくれるんだけど、収入や課税額がここまでオープンなデータにはなっていないよね。それを国レベルでオープンにしているのはすごいことだ。ノルウェーなんかは、全国民の納税額が誰でも閲覧できる形で公開されている。

えーっ、そうなんですか⁉　日本でもみんなが仮想通貨を使うようになったら、

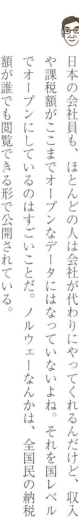

お金で悪いことをする人がいなくなるかもしれないですね。

現金が完全に消滅するとは考えにくいけれど、可能性はあるし、少なくとも選択肢としてはあるよね。そもそも**社会は今、どんどんウソつきが生きにくい方向に進んでいると言える。**ＳＮＳを見ていたら、なんとなくわかるだろう？

お互いにいろんなことをシェアしていますよね。みんなが文章や写真で情報をリアルタイムに共有できるから、一人がウソをついてもバレちゃいます。

それに、**私たちが情報をオープンにすることで得られるメリットも多い**よね。たとえば、自分の位置情報を教えれば、周辺のお店の情報が得られたりする。でも行き先を人に知られたくない人は位置情報を教えないし、そのサービスを使わないだろう。カナちゃんはどっちかな？

難しい！　でもお金は悪いことに使ってないから、仮想通貨はＯＫです！

そうやって自分の使うサービスを選んでいくように、通貨も選ぶようになるんだ。付け加えると、**ブロックチェーン自体は通貨ではなくて台帳システムだから、使い方は仮想通貨だけに限らない**。いろんな記録や契約に応用できるから、これからブロックチェーンを使った新しいサービスが増えていくだろうね。

「ノード」が一斉にいなくなったらどうするの？

仮想通貨の仕組みについては、だいたいわかりました。分散型台帳であることのメリットや安全性についても、まあ理解できたと思います。それでも、まだ納得できない点があります。ビットコインのシステムにサーバを提供しているのは、一般の個人や企業で、参加は自由なんですよね？　それだと、やりたい人が集まらなかったり、急に減っちゃったりしないんですか？

いい質問だね。たしかに、できたばかりの仮想通貨は、システムの維持運営に

参加する人が少ない。だけど、なにも**すべての仮想通貨が自前のブロックチェーンシステムを新たに作る必要はないんだ。実際、新しい仮想通貨のほとんどは、既存のブロックチェーンシステムを使って作られる。**つまり、すでにたくさんの参加者で成り立っているシステムを一緒に使うってことだ。

それでも、みんなが急に「やめた！」となる可能性はあるんじゃないですか？

たしかにそうだね。それに対する回答の一つは、すべてを自由参加にする必要もないということだ。ビットコインは完全にオープンで特定の管理者もいないけど、これから通貨を発行する組織は、システムの維持運営のために一定数のサーバ用マシンを提供することもできる。

それでも、悪い人たちが、全体の過半数を占める多数のマシンを用意して参加したら、システムを乗っ取ることができませんか？

誰もが参加できる仕組みになっているなら、たしかにそうだ。だから、将来的

には、参加資格を制限したり一定の審査を実施したりすることも検討されている。**ビットコインはパブリック精神やオープンさを売りにしているが、すべての仮想通貨がビットコインをまねる必要はない。**「リップル」という仮想通貨のように、参加するためには開発会社の承認を必要とするクローズド（閉鎖的）なシステムも出てきている。**将来の仮想通貨は、ビットコインほどの独立性はないけれども、ほどほどの管理者が責任を負う形になるかもしれない。中央集権型と分散型との中間みたいなものだね。**

ネットで金の採掘？

ブロックチェーンのシステムに参加する人を管理することも、ある程度まではできるんですね。それでもたくさんの人を集めるのは難しいんじゃないかなあ。ボランティアみたいなものじゃないですか。

たしかに、何も見返りがないのに参加する人は少ないかもしれないね。ただ、**仮想通貨のシステムの監視に参加するのは、無償ではない**んだ。参加すれば必ず利益が得られるわけではないけど、場合によっては大金が得られる。だから、参加を希望する人は少なくない。

報酬が出るんですか？　そのお金はどこから出るんですか？

ビットコインの送金には、わずかとはいえ取引手数料がかかる。**まずこの取引手数料が、ブロックを作った人に対して支払われる**。それだけじゃない。ビットコインは総量規制が厳しく実施されているが、経済活動が広がれば流通する金額も増やさざるを得ない。実は、**ブロックが作られるたびに、そのブロックを作った人に対して、新しくビットコインが発行される**んだ。そのため、ビットコインの総量は毎日わずかずつ増え続けている。もちろん無限に増え続けると価値が下がってしまうから、発行金額の上限は２１００万ＢＴＣとあらかじめ決められている。この上限設定はプログラムの中に書き込まれている、誰もが信用できる情報だ。

なるほど。ビットコインのノードが1万台以上もあるのは、そういう理由もあるんですね。

お金だけではないが、何もメリットがなければ人は集まらないよ。ビットコインシステムの維持に参加すると、新しいビットコインを発行してもらえる。**この作業は採掘という意味で「マイニング」と呼ばれている。地面から新しい金を掘りだす金の採掘にたとえているわけだ。**実際に「採掘」しているのはコンピュータで、その作業の中身も、適合する解を探して延々と計算しているだけなんだけどね。

ふーん。コンピュータに作業させて、金を見つけるわけか。じゃあ、さっき「参加すれば必ず利益が得られるわけではない」と言ったのはなぜですか?

ブロックの生成は競争方式になっていて、適合するブロックを最も早く作れたマシンだけに報酬が与えられる。だから、あまり処理速度の速くないノートパ

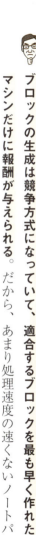

ソコンで片手間に参加しても、とても報酬は得られないだろうね。

それじゃあ、結局、お金の力でよりよい設備を揃えられた人ばかり、いつも報酬を奪っていくことになるじゃないですか。

コンピュータのパワーがあれば、それだけで早くブロックを作れるわけじゃない。適合するブロックを作れるかどうかには運も大きくかかわっている。だから、常に同じ組織が報酬を奪っていく結果にはなっていない。新しいブロックの生成は10分ごとに行われるから、

「マイニング」は21世紀のゴールドラッシュ？

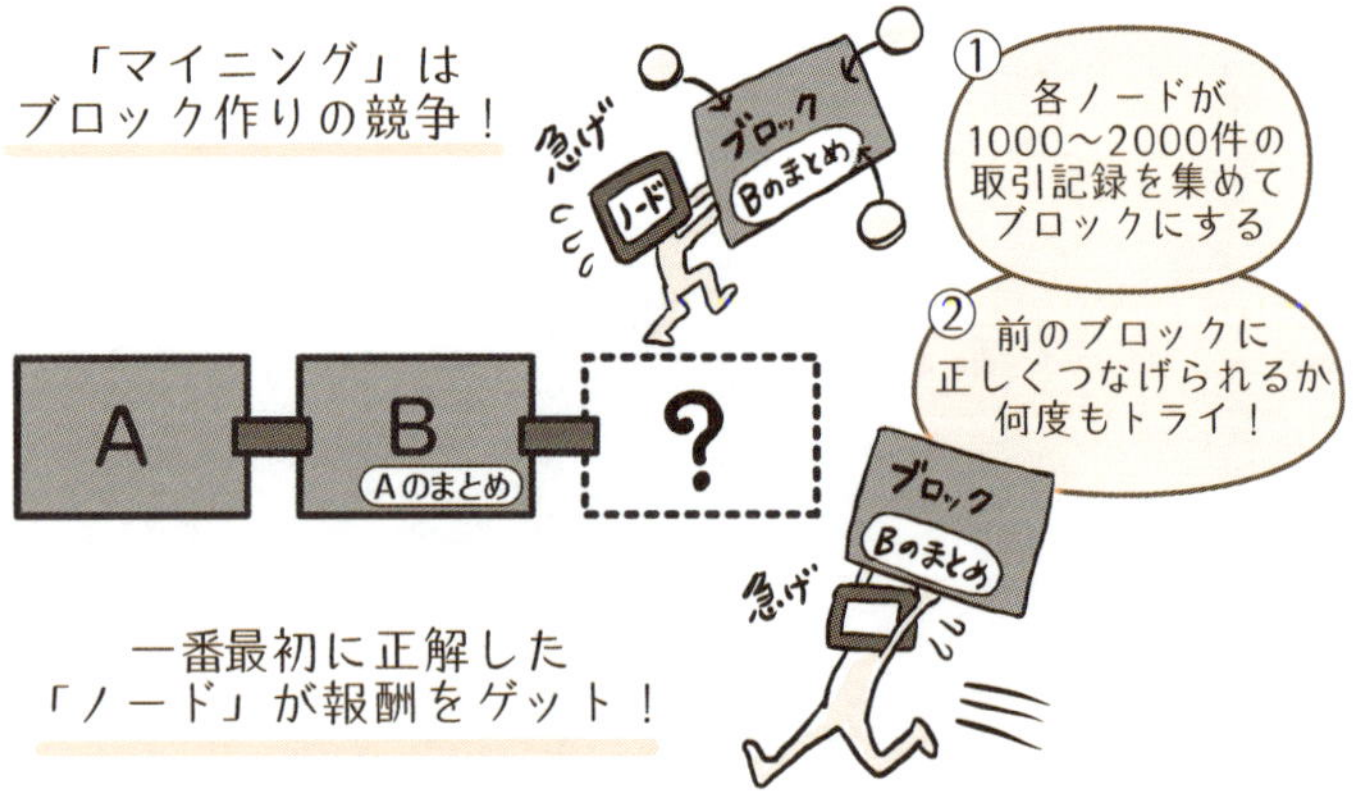

チャンスは広く平等に分け与えられているんだ。

でも、ノートパソコンでは無理だって言ったじゃないですか。

ビットコインくらいに有名になって、数多くのライバルがいるとそうなる。専用のマシンを何台も用意して、マイニングのためだけに会社を作って取り組む人もたくさんいるからね。しかし、**新しい仮想通貨であればライバルも少ないし、チャンスはある**んじゃないかな。

マイニングのためにそこまでするんですか？

それだけ投資するメリットがあると考えられているんだ。2017年にビットコインの価格が暴騰したのを覚えているかな？ **報酬はビットコインで支払われるから、価格の暴騰で大儲けしたマイナー（マイニングをする人）がたくさん現れた**んだ。それを見て、自分もマイニングに参加しようとする人が増えた。19世紀のゴールドラッシュのようなことが、21世紀の仮想通貨でも起きたんだ。

たしかにビットコイン価格は暴騰したけど、そのあと暴落もしましたよね。

そうだね。それでも、暴騰前の価格と比べればずいぶん高くなっているし、今後も上昇すると期待する人が多ければ、管理に参加する人の数は減らないだろう。それに、そもそも**お金目当てじゃなくて、ビットコインの思想や理念に共感して参加している人だっている**。

そうかあ。報酬を出して競わせる仕組みにすることで、放っておいても維持運営が続けられるシステムを考えたってわけか。すごくよくできていますね。

そうだね。既存の技術を上手に組み合わせて、記録の改ざんができず、しかも自律的に動き続けるシステムを作ったのだから、世界中の技術者が驚き、賞賛した。非中央集権的な仮想通貨の構想は、実はビットコインが誕生するずっと前からあったのに、誰も作れなかったんだ。多くの学者が案を発表していたけれども、いずれも机上の構想や研究論文の域を出なかった。そこに彗星《すいせい》のごと

く現れたブロックチェーンとビットコインだけが、現実社会に根付くことができたんだ。ちなみに、そのビットコインの生み親が、サトシ・ナカモトという日本人ではないか、と言われている。

え？　ちょっとうれしいことですね。

そうだね。でも、サトシ・ナカモトが本当に日本人であるかどうかの確証はない。彼の論文もメールもすべて英語で書かれているし、途中で「私の役目は終わった」と行方をくらましてしまった。今も消息不明だ。世界中のメディアが正体を探ろうとしても見つからないから、偽名だったと考えられている。陰謀論が好きな人は、サトシ・ナカモトはどこかの組織が生み出した架空の人物だと考えている。

なんだかミステリアスでロマンがありますね！

そうだね。ビットコインにはロマンがある。ロマンもビットコインの成功要因

の一つだ。中でも最も大きなロマンが、国家とは独立した通貨という点だ。法定通貨は、国家の信用を裏付けとしているから、国家が存在する限り、半永久的に価値を持ち続ける。だから国家その他の団体をバックに持たないビットコインは信用できないという人が多い。だが、逆に考えてみよう。**信用を担保する国家等の団体が介在しないことによって、ビットコインは国家から独立した価値を持つことが可能になった**。たとえば、仮に日本が破綻して日本円の価値が暴落したとしても、日本国と無関係であるビットコインの価値は下がらない。国家が破綻したりデフォルト（債務不履行）を起こしたりすれば法定通貨の価値は暴落し国民は財産を失ってしまうが、ビットコイン建ての資産は、仮に世界革命が起きてあらゆる既存の国家や団体がなくなっても、独立した価値を保ち続けることができる。

「盗まれた」仮想通貨も正しい取引？

あ、先生！　質問があります。さっき、「51％攻撃」がどうとかで、仮想通貨が盗まれたことがあるって言ってましたよね。それにニュースでも「仮想通貨が流出」とか聞いたことがあります。これって結局、ブロックチェーンの仕組みは安全っぽいけど、実際は安全じゃないってことなんですか？

当然の疑問だね。日本のメディアでもすごく大きく取り上げられたから、仮想通貨はやはり怪しいという印象を持った人も少なくないだろう。

はい。だから、本当はどういうことなのか教えてほしいんです。

それは大事なことだね。結論から言うと、「51％攻撃」への対策はたしかにブロックチェーンの課題だ。新しくて規模の小さな通貨は、誰かにコントロールされてしまう危険性がある。ただし、**日本で起きた流出事件は、ブロック**

チェーンは安全だけど仮想通貨は安全じゃなかった、というケースだ。わかりにくいかもしれないけれど、そもそも仮想通貨が流出するって、どういう状態だと思う？

それがよくわからないんです。現金だったら、お札を勝手に持っていかれたら盗まれたってわかるんですけど、仮想通貨はデータでしょ？　どこからどこへ出ていくの？　消しちゃった写真のデータを復元するみたいに、元に戻してもらうことはできないの？

少しややこしいよね。さっきのブロックチェーンの話と関連するんだけど、**仮想通貨というのは「その通貨のデータを持っている」こととは違う。通貨の実体は、台帳システム上に保管された、取引の記録なんだ**。たとえば「マツダがカナちゃんに１ＢＴＣを払った」という取引が記録されると、カナちゃんは１ＢＴＣ持っているってことになる。同時にマツダは１ＢＴＣ減ったことになる。銀行預金の場合も、実際にＡＴＭに現金を入れて預けたとしても、銀行に「カナちゃん用の現金」がとっておかれるわけじゃない。結局、銀行がカナちゃん

からお金を預かったという記録でしかないんだ。だから**仮想通貨が「盗まれた」とか「流出した」と言われていることは、「知らない間にいろんな人が犯人に仮想通貨を払ったことが記録された」ということ。**

勝手に預金口座からお金を引き出されたような感じですね。ただ、銀行口座の場合、誰かがなんらかの不正な手段で私の口座からお金を引き出しても、その記録が残ります。だから、それが銀行側のミスであれば、銀行が責任を持って残高を元に戻してくれるはずです。

そうだね。銀行口座のように、銀行が管理者として存在していればそうなる。しかし、仮想通貨には管理者が存在しないんだ（厳密には管理者がいるクローズドな通貨もあります）。だから、もしも悪い人が勝手に「カナちゃんがマッダに１ＢＴＣ払った」という取引を書き込んでシステムが「正しい取引」と記録してしまったら、誰にも責任が生じないことになる。

えっ？　でも記録の書き換えのような悪いことができにくいのがブロック

チェーンじゃないんですか？　話が違いますよ！

そこが誤解されやすいところなんだ。**仮想通貨のシステムが安全なことと、利用者の管理の問題は別なんだ。**カナちゃんのパスワードが誰かに知られてしまって、その誰かがカナちゃんになりすましてお金を動かしてしまうってこと。これはブロックチェーンのシステムの欠陥やミスではなくて、パスワードの管理の問題だよね。たまにクレジットカードの不正利用事件があるけど、あれもなりすましが問題であって、クレジットの決済システムに欠陥があるわけじゃない。

じゃあ、私の仮想通貨が盗まれたら、私が悪いってことになるんですか？

日本で起きたコインチェックの事件などに関して言えば、それも違う。あれは取引所の問題だ。**仮想通貨のシステムと、そのシステムを利用して両替ビジネスをしている取引所のシステムとは別物だ。**仮想通貨自体のセキュリティは強固なんだけど、取引所のセキュリティが甘かったんだよ。

私にはその違いがわからないです。

では仮想通貨の保管の仕方から説明しようか。保管方法は大きく二つ。一つは、自分の財布で保管する方法だ。**仮想通貨にも財布のようなものがあって、それを「ウォレット」という。**たとえば、きみが仮想通貨を持っていて、それを個人で管理する場合はウォレットにしまっておくことになる。ウォレットにはいろんな種類があって、ウェブ上のウォレットサービスだったり、自分のパソコンにウォレットを作るソフトだったり、あるいは紙だったりするんだ。もちろん、お金を使うときにはウェブにつながっていないといけないのだけど、**保管するだけならオフラインでも問題ない。外部から接続できないから、オフラインで保管しておくほうが安全だと言える。**

データのお財布って感じで、現金とそんなに変わらないですね。

そうだね。**もう一つの保管方法は、取引所の口座に預ける方法だ。これは銀行**

こうして仮想通貨は盗まれた

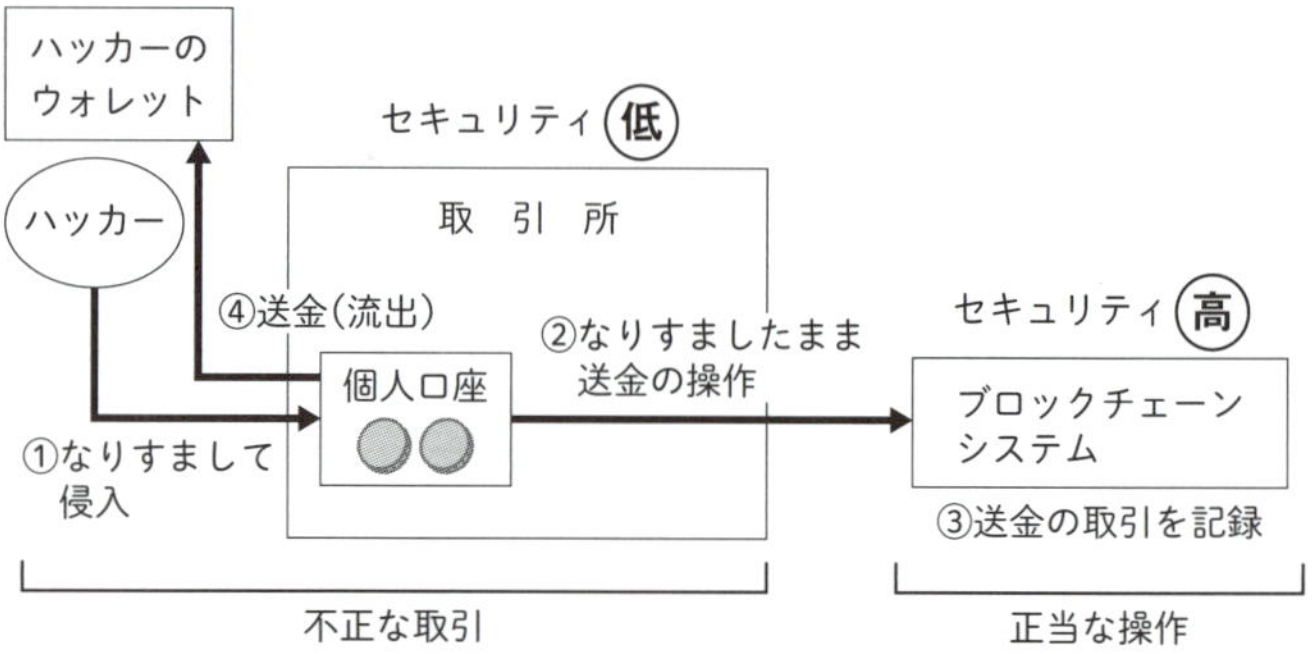

の預金口座と同じようなもので、個人ではなく取引所で仮想通貨を保管することになる。こちらはオンラインであることも多いので、外部から攻撃されるリスクがある。取引所のセキュリティ次第ということだね。

自分で持っておくか、よそに預けるかの違いで、現金では財布か銀行、仮想通貨ならウォレットか取引所ってことですね。

その通り。**自分のウォレットで保管する場合は、自分で決めたパスワードで守る。財布を自宅の金庫に保管して、暗証番号で守るのと同じ**だ。すぐに使わない分はそうしておくのが安心なんだけど、仮想通貨を取引所に預けっぱなしにしている人がたくさ

んいる。そしてその取引所のセキュリティが破られて、サイバー攻撃で盗まれてしまった。

その「盗まれる」っていうのが、さっき先生が言っていた、なりすまして動かすってことなんですね？

そう。これは勝手に取引されたということであって、システム上の取引記録だけを見れば正しい取引なんだ。だからその取引記録を消したりやり直したりすることなく、今も履歴として残っているんだよ。

なるほど。ブロックチェーンは安全だけど、仮想通貨は安全じゃなかったって意味がやっとわかりました。

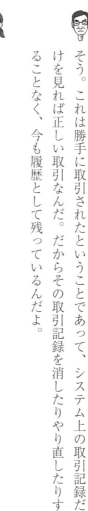

セキュリティが未来を開く鍵

盗まれた仮想通貨って、そのあとはどうなるんですか？　使えなくしたり取り返したりできるんですか？

犯人が特定できれば、なんらかの対応が可能だろう。でもそれがすごく難しいんだよ。

取引の記録が残っているのに、追いかけることができないんですか？

するどいね。実は、このとき「盗まれた」とされる取引には、データ上でしるしをつけて追いかけることができていたんだ。

すごい！　サイバーポリスって感じですね！

ところが途中で見失ってしまった。

え？　どうして？

簡単に言うと、別の仮想通貨に交換されてしまったんだ。そこまでの取引記録は追跡できたのだけど、「誰がやったか」まではわからないままだ。これもまた、取引自体はブロックチェーンのルールに則ったものだから、システム的には正しい取引とされている。

それじゃあどうしようもないですね。

だから**取引所の、保管する際のセキュリティが問題なんだ。仮想通貨の取引所はまだ歴史も浅く、法規制もセキュリティも確立されたものがない。そこを悪い人に狙われた。**

取引所のミスであれば、取引所が責任を持って補償するべきじゃないですか。

もちろん。だからコインチェックは盗まれた分のお金を返金した。けれど、銀行も取引所も民間企業だから、被害が大きすぎて倒産するような事態になれば、利用者への弁償はできない。銀行預金は国がペイオフ制度を作って保障してくれているけど、今のところ仮想通貨にはそんな制度はない。だから取引所が被害を受けたことで、利用者にも迷惑がかかったケースもある。

じゃあ、やっぱり仮想通貨は危ないんですね。

現状では否定できないね。ただし、今は急速に法整備が進められているし、セキュリティ面でも技術革新が進められているから、いつまでも危ないままではない。さらにセキュリティを高めた、使いやすく安全な仮想通貨が近い将来に出てくるだろうし、そうなればスマホやインターネットのように、生活に欠かせないインフラになると思うよ。

でも、すでに悪いイメージがあるから、安心して使えないですよ。

だから使う側である私たちも、しっかりと見極めないといけない。少なくとも仮想通貨に関して言えば、送金中にお金が消えたとか、計算が合わないといった話はまだ聞いたことがない。**ビットコインが生まれてからそろそろ10年になるけど、その間、送金に関する事故が問題になっていないことを考えれば、信頼性は高いと言っていいんじゃないかな。**それにアカウントの乗っ取りやなりすましは、仮想通貨に限ったことじゃないからね。

他でも起きているからいい、なんて話はおかしいです。

おっと、そうだね。カナちゃんの言う通りだ。**もっとセキュリティを強固にした、まさに暗号通貨の名前にふさわしい「みらいのお金」が必要だね。**

セキュリティと言われても、専門的な説明をされればされるほど、難しくてよくわからないんですよね。だからセキュリティがどうなれば信用できるのか、判断ができません。

SF作家のアーサー・C・クラークは「十分に発達した科学技術は、魔法と見分けがつかない」と述べている。私たち一般の消費者は、パソコンやスマホの仕組みを理解できないままに「たぶん大丈夫だろう」という謎の「信用」のうえに使っているんだ。じゃあ、その「信用」がどうやって生まれているかといえば「親しい人が何人も使っている」とか、「権威のある人や組織が太鼓判を押している」とか、そんなあやふやなものだ。だから、**新しい技術はどうしても「信用」を獲得するまでに時間がかかる**。お金や生命にかかわるものだとなおさらだ。

そうですね。仮想通貨も、みんなが使い始めたり、政府が推進してくれたりすれば、法定通貨や銀行と同様に「信用」できるようになるかもしれません。

2 時間目のおさらい

- 電子マネーは「円」のデジタル版、仮想通貨は「円」ではない
- 仮想通貨ができたのは「ブロックチェーン」のおかげ
- ブロックチェーンは絶対に不正が起こらないウェブ上の台帳
- 仮想通貨は取引記録のデータにすぎない
- 「マイニング」で新しいビットコインを掘り当てる競争
- 仮想通貨の流出は取引所のセキュリティの問題が原因

3 時間目

日本は「キャッシュレス後進国」で「仮想通貨天国」？

仮想通貨とブロックチェーンがどんなものなのか、ようやくわかってきた。

やったね。それじゃあカナちゃんも、少しだけでも仮想通貨を持ってみたら？　そのほうがもっとよく理解できると思うよ。

そうしようと思う。だけど、トシくんはあまり使ってないって言ってたじゃない？　私の周りの人も、誰も実際には使っていないんだよね。

それはそうかもね。正直、使いたい場面があんまりなくて。

使わないのに持っていても仕方がないじゃない。

いや、持っていることにこそ意味があるんだよ。だって儲かるかもしれないし。

持っているだけで、なんで儲かるのよ。

それは値上がりするからじゃないか。マツダ先生に習ったんじゃないの？

マイニングとかの話は聞いたけど、トシくんが儲かるような話は聞いてない。

えーっ？　肝心な話だと思うんだけどなあ。

じゃあ今度聞いてみる！

仮想通貨の「二つの顔」

……というわけで、トシくんは仮想通貨を使わないけど持っているんです。それが肝心だって。意味がわからないです。

なるほどね。「みらいのお金」の話を聞いてきたカナちゃんにとっては、当然

の疑問だ。だけど実際、**仮想通貨を持っているけど使っていない人はたくさんいる**よ。むしろそっちのほうが多いんじゃないかな。その理由を理解するには、**日本は「キャッシュレス後進国」で「仮想通貨天国」**だと知ってもらうのが早い。

え!? なんか矛盾してませんか? 仮想通貨とキャッシュレスはセットのように思ってましたけど。

そうだね。だけど仮想通貨には二つの顔があるから、実は矛盾しない。

二つの顔? これまでずっとすごく大事なことを隠してたんですか?

まあね。いっぺんに話してもわかりにくいから。

それで、なんなんですか、二つの顔って。

一つは「決済の手段」としての顔。もう一つは「財産」としての顔。実は法定通貨にも同じように二つの顔があるんだけど、仮想通貨の現状はかなり特殊なんだ。じゃあ、まずは「キャッシュレス後進国」のほうから先に説明しよう。これは仮想通貨の「決済の手段」としての顔に関する話だ。

現金決済が便利すぎる日本

トシくんが電子マネーでよく買い物をしていると言っているように、**キャッシュレス化がこれからますます進むのは間違いないだろう。**キャッシュレスという中には、仮想通貨も、Suicaのような電子マネーもポイントカードも含まれる。だけどその一方で、カナちゃんのように急には現金派からキャッシュレス派に変えられない人もいるよね。

そうですよね。

人間は慣れ親しんだ習慣を変えようとすると、結構面倒に感じるものなんだ。現金での支払いに慣れてきた人が、今日から電子マネーを使えと言われれば不便に感じるだろう。ただし、それは現金と電子マネー、どちらが優れているかという話とは違う。慣れの問題だ。たとえばきみが、電子マネーだけを使っている国で育ったと想像してごらん。今日から「支払いはすべてこの金属の丸い円盤と紙でお願いします」と言われて、すぐになじめると思うかい？

うーん、どうなんだろう。

じゃあ、今、電車やバスに乗るときにはSuicaやPASMOを使っているよね。それが急に現金以外は禁止、と決められたら困るだろう。それまでは頭で計算しなくても、自動的に機械が電子上の財布から1円単位で引き落としてくれていたのに、百円玉や十円玉を財布の中から探さなくてはいけない。

すごく嫌です（笑）。

日本は遅れてる？　世界のキャッシュレス決済比率

	2007年	2016年	07年→16年
韓国	61.8%	96.4%	+ 34.6%
イギリス	37.9%	68.7%	+ 30.8%
シンガポール	43.5%	58.8%	+ 15.3%
スウェーデン	41.9%	51.5%	+ 9.6%
アメリカ	33.7%	46.0%	+ 12.3%
日本	13.6%	19.8%	+ 6.2%
ドイツ	10.4%	15.6%	+ 5.2%
中国	（参考） 約40%（2010年）⇒約60%（2015年）		

（※）　キャッシュレス比率は、（カード決済（電子マネー除く）＋E-money決済）／家計最終消費支出により算出（ともにUS$ベースで算出）

（※）中国については、Better Than Cash Allianceのレポートより参考値として記載

出典：野村総合研究所「キャッシュレス化推進に向けた国内外の現状認識」（2018年2月8日）より一部を抜粋

でしょ？　ところがカナちゃんは、コンビニなんかではSuicaじゃなく現金を使いたがる。結局、環境と慣れの違いでしかないんだ。日本人は、あまりキャッシュレスに慣れていない現金派の国民といえる。**日本におけるキャッシュレス決済の比率は、全体の約20%と言われていて、そのほとんどがクレジットカードによるもの**だ。でも、イケアやH&Mで有名な北欧

のスウェーデンでは50％に達している。バスや路面電車では現金が使えないし、現金お断りの店舗も少なくない。そして**中国だって2016年の時点で60％だ。韓国なんて96％**だよ？

すごい！　ほぼ完全キャッシュレスじゃないですか！　でも意外です。日本は技術が進んでいて自動化が好きだから、キャッシュレス化も早いんだと思ってました。

だけどキャッシュレスに関しては後進国というのが現実だ。なぜかというと、**現金決済が便利すぎる**から。カナちゃんだってそうでしょう？　「もっと便利なものがあるよ」と言われても、「困ってないからいらない」という状態だ。新しい仕組みを覚えるのが面倒だという人もいるだろうね。

図星すぎて言葉もないです。

別に責めているわけじゃないよ！　多くの人がそうなんだ。いたるところにA

現金と電子マネー、何が違う？

	現金	電子マネー
視認	目で見て数える	モニタで金額表示
携行	多いとかさばる	スマホまたはカード
補充	ATM	スマホまたは端末
使える場所	どこでも使える	対応している相手なら使える
譲渡	誰にでも渡せる	対応している相手なら渡せる
汚れ	誰が触ったかわからない	清潔
支払い	自分で計算	機械が自動計算
資金移動	手書きで記録	自動で記録される
紛失・盗難	物理的に守る	パスワードなどで守る
堅牢性	紙幣は燃えることがある	スマホが壊れてもお金は残る

ＴＭがあって、いつでも現金を下ろせるし、お店のレジも自動化されたものだから、なんとなく進歩している感すらある。それに銀行側の事情も無視できない。ＡＴＭの手数料も利益になっているから、いきなりＡＴＭをなくすのも難しいだろう。一つ言えるのは、**まだスマホや電子マネーがない頃に、日本は現金決済を便利にするインフラを「ものすごく頑張って」究めつくした結果**だということかな。

やっぱり技術力というより慣れの問題なんですね。私もSuica

や PASMO はもう手放せないですもん。自販機に小銭を入れることもなくなりました。

そうやって徐々に変わっていくように思えるけど、一気に環境がガラッと変わる可能性はあるぞ。２０２０年に東京でオリンピックが開催されるよね。海外からもたくさんの人が来る。彼らはとっくにキャッシュレスに慣れているのに、日本に来たらみんな現金でお金を払っていたら、どうなるだろう。

コンビニはキャッシュレスも進んでいるから大丈夫かもしれないですけど、おみやげ屋さんとかで現金しか使えなかったらきっと困りますね。

キャッシュレスで割り勘も家計簿も楽々になる？

日本のキャッシュレス化があまり進んでいないことはわかりました。慣れの問

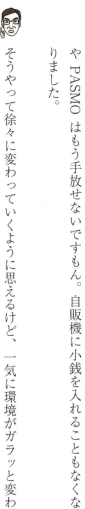

題なのかもしれないですが、やっぱり現金じゃないと困る場面もまだあると思います。たとえば、お金が足りなくて友達にちょっと借りたいときは、現金が便利です。

電子マネーは、まだ個人間での受け渡しに対応していないことが多いからね。だけど少しずつ普及してきているよ。「LINE Pay」などが有名だね。**スマホのアプリにお金を入れておいて、直接、友達に送ったり受け取ったりできる**んだ。その他にも個人間でお金を受け渡しできるアプリはいくつかあるよ。

知らなかった……。でもそれってすごく便利ですね。みんな1500円ずつね、と言って集めても、現金だと小銭がない人がいたりして、結構面倒だったりしますけど、電子マネーだったらピッタリ集められますもんね。

そうそう、割り勘のときにはよくあるよね。こうやって、以前はできなかったことが技術の進歩でできるようになって、その便利さを体感すると意外とすぐになじむものなんだ。

たしかにそうですね。

個人間の受け渡しは、割り勘が楽なだけじゃないよ。たとえば１５００円で割り勘したときに、私が１０００円しかなくて、カナちゃんに「５００円出しておいて」とお願いしたとしよう。

５００円の貸しですね。そういうのって、つい忘れちゃったりするんですよね。

そうだよね。でも、**私がいくら借りたかを忘れていても、電子マネーなら記録がちゃんと残っているので確認できる**。カナちゃんが「早く返して」って言いたいときにもこの記録は役に立つね。

そうかあ。ＬＩＮＥのトークみたいに、履歴が残ると便利ですね。

買い物するときも、いつ、いくら払ったか記録してくれるとしたらどう？

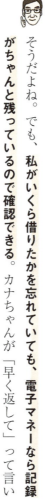

電子マネーのここが不便

①個人間の受け渡しができない

Suica や nanaco のようなカード型電子マネーでは、他人から簡単にお金を借りることができない。どこかで友達と食事をして割り勘にしようとしても、お互いに小銭を渡せないので難しい。結局、レジで個別に支払うことになる。子どもに小遣いやお年玉もあげられないし、ご祝儀や不祝儀に使うこともできない。

②対応しているお店もまだ少ない

電子マネーが便利だからといって、現金を持ち歩かないでいると「当店では電子マネーは使えません」と言われて慌てることになる。クレジットカードがあればたいていは大丈夫だが、個人商店などではクレジットカードにも対応していないことがある。自動販売機ですら、まだ現金しか受け付けないことが多い。

③いくら残っているのかわからない

カード型電子マネーは、残高をすぐに確認することができないので、覚えておかねばならない。現金の場合、財布を開けばだいたいいくら残っているかが一目でわかる。電子マネーは実体を持たないことが利便性につながっているが、いくら持っているのか目に見えないため不安になる人も多い。

あ！　レシートをとっておいて家計簿をつけたりしなくていいかも。

そうだね。家計簿アプリといわれるサービスもあるけど、レシートを読み取ったり、金額を打ち込んだりすることさえ、しなくてもいいんだ。それができるのは、お金のやりとりをデータでやれるからだ。

そう考えると、現金派の私も心が揺らぐなあ。

もちろん、どれだけキャッシュレス化が進んでも、現金が必要な場面は残るだろうね。スマホをなくしたとか、バッテリーが切れたとか、あるいは滅多にないけれども大規模な停電やシステムクラッシュで、ネットにつながらなくなるとかの場面では、現金が必要になる。非常事のみの有用性なんだけどね。日本で戦後にインフレが起きたときに、物々交換が流行したのとちょっと似ているかもしれない。

日本で使われているお金のほとんどが、実は現金じゃない？

日本でも、何かあったときだけ現金を使うという人は少なくないよ。財布を持たずに、日常の買い物はクレジットカードと電子マネーで済ませて、それが使えないときのために紙幣だけを折りたたんで持ち歩いている、とかね。

私の周りにいないから、なんだか現実感がないなあ。

そうは言うけど、実はカナちゃんだって現金よりデータ上のお金をたくさん持っているんだよ。

コンビニ払いも現金の私がですか？　Suica くらいしかないですよ！

じゃあ、きみが持っているお金のうち、現金の割合はどれくらい？

今財布に入っているのは全部、現金です。

財布以外にもお金はあるでしょう？

あ、そうですね。銀行の口座に預けてあるお金のほうが多いです。

ほとんどの人がそうだろうね。では、その銀行口座のお金も現金かな？

預金は預金ですけど、現金を預けているので現金だと思います。ＡＴＭでも現金をちゃんと入れてますし。

それなら銀行の金庫の中に、きみの預けた現金が積んであると思う？

えっと、それはどうかな。あってもおかしくないと思うけど。だって、銀行に行って全額引き出しますって言えば、出してくれるじゃないですか。

きみ一人が行った場合はそうだね。でも、もしすべての預金者がいっせいに銀行に行って預金を全額引き出そうとしたら、きっと銀行は断るしかない。なぜなら、預かったお金の全額分の現金なんて置いていないから。

そうか、**私がATMで1万円を預けたからといって、銀行に「私の1万円」がとっておかれるわけじゃない**って話でしたよね。

そう前に話したね。電子のデータ上にしか存在していないお金だから、そういう意味では「電子マネー」とも言えるね。

そう考えると、私が持っているお金は現金よりデータのほうが多いです。

実は、カナちゃんだけじゃなくて、日本にあるお金のほとんどが「データ上のお金」になるんだ。**日本の名目GDP（国内総生産）の金額に対して、現金の流通量の割合はたったの20%しかない**。

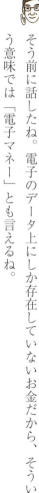

えーっ？　こんなにお店で現金を使っているのに？

個人がお店で使うお金は、たいした金額じゃないんだ。企業が企業にお金を払ったり、社員に給料を払ったりする額のほうがずっと大きい。そしてそれらは口座から口座へ振り込むデータ上の取引がほとんどだ。

そう言われるとそうですね。

ちなみに、**キャッシュレス化が日本よりも進んでいるスウェーデンでは、現金流通量の割合は対ＧＤＰ比でわずか１・４％**になる。

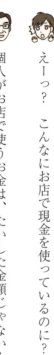

ほとんどないじゃないですか！　誰も現金を使わないんですか？

スウェーデンの主要銀行が共同で開発した電子マネーの決済システムSwish《スウィッシュ》は、スマホアプリに相手の電話番号を入力するだけで、銀行口座から銀行口座への送金が簡単にできる。手数料もかからないし、どんな小さなお店でも使えるから、成人の9割が利用している。このアプリによって、スウェーデンでは現金を持ち歩かなくても、簡単にお金の受け渡しができるようになったんだ。

つまり「ちょっとジュース買ってきて」とか「飲み会の会費を集めまーす」とかも電子マネーでできるようになったんですね。

その通り。もちろん、ATMで現金を下ろして財布に補充なんて手間もない。銀行口座がそのまま財布みた

Swish はこんなに便利

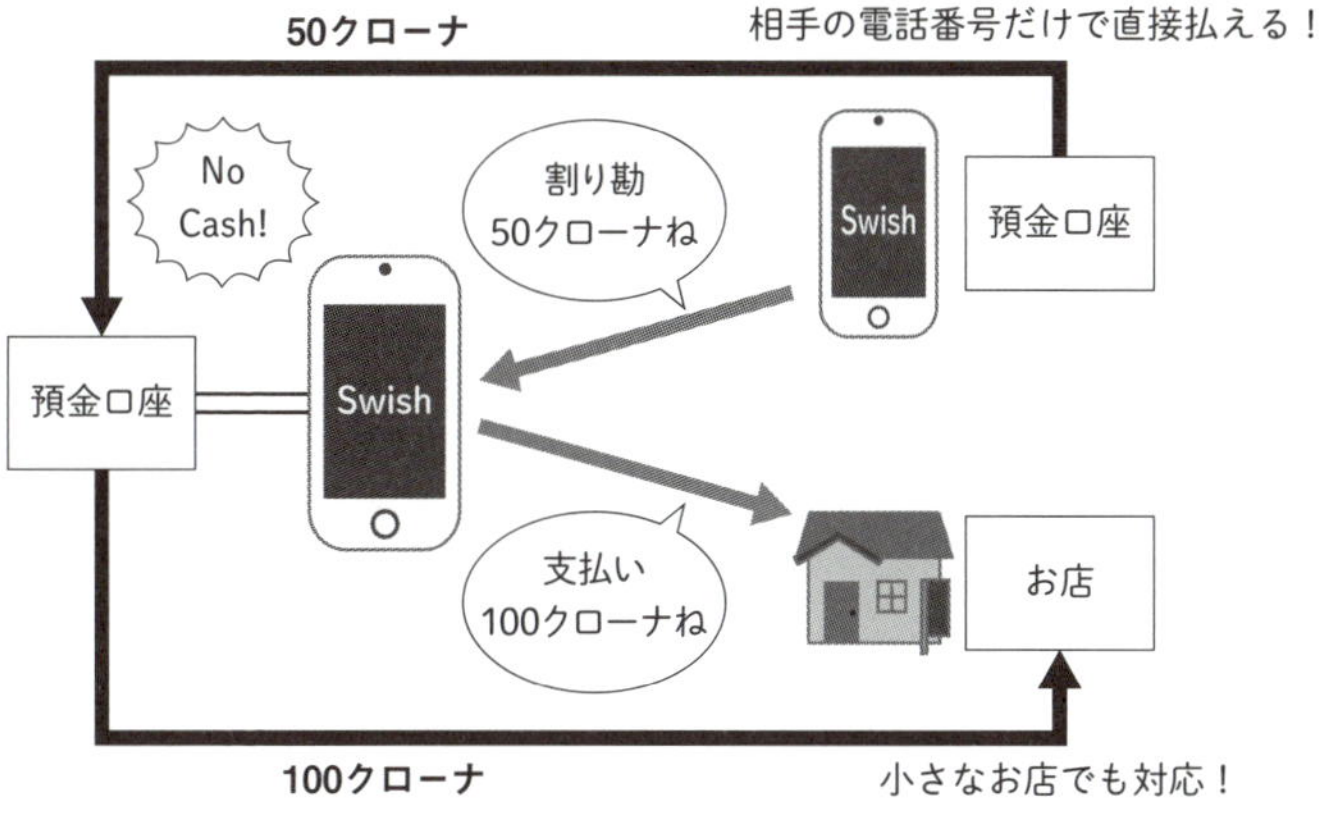

いなものだ。

すごい！　でもちょっと怖いかも。現金なら持っている以上の金額は使わずに済むけど、いくらでも使える電子マネーだとうっかり使いすぎてしまいそう。

たしかにそうかもしれないね。でもそれは、貯金用の口座と生活費用の口座を分けるとか、使いすぎの場合は警告を出すとかで、いくらでも防止できる。むしろシステムの力を借りたほうが、お金の管理はしやすくなると思うよ。

クレジットカードも電子マネーの一種なの？

日本だとキャッシュレス決済ってクレジットカードがほとんどだけど、クレジットカードが電子マネーという感覚はないですよね。

そうだね。でも、クレジットカードのシステムの中に、現金取引はほとんど入らないから「データ上でやりとりするお金」だね。クレジットカードの仕組みは知っている？

なんとなくは。私がクレジットカードを使うと、カード会社が代わりにお金を払っておいてくれて、あとでカード会社から私に請求が来るってことですよね。

そうだね。正確に言うと、カード会社もすぐに立て替え払いをしているわけじゃなくて、あとでまとめて支払う。だから、お店は、その場ではお金をもらわずに、商品をカナちゃんに渡していることになる。

そうなんですね。お店はそれで困ったりはしないのかな。

これは「信用取引」といって、昔からあるシステムだ。「現金取引」よりも「信用取引」のほうが歴史は古いという人もいる。**お店は、カード会社が必ず支払ってくれることを信用している。だから、我々はクレジットカードを見せる**

だけで商品やサービスを買うことができる。もちろんカード会社も、カードを発行するときに私たちの個人情報を調べて、信用できる人間かどうかを判断している。だからクレジットカードを提示するのは「私はカード会社が保証した信用できる人間ですから、これを売ってください」ってことだし、お店はカードを見て「この人は信用できる人だから、現金を受け取らずに商品を渡してもいいだろう」と判断していることになる。なにしろクレジットは英語で「信用」という意味だからね。

なるほど。じゃあ、フリーターの友達がクレカの発行審査に落ちたのは「信用」がないからなんですね。

カード会社は一定の収入があるかどうかで判断することが多いからね。もちろん、その友達は約束を守る人かもしれない。でも、それはカード会社の考える「信用」じゃない。

そういう部分では、プリペイドのSuicaなどとは全然違いますね。

「ツケといて！」は信用取引

なじみの店で、常連客が「ツケといて!」と言うシーンを何かで見たことがあるでしょうか?

お互いに顔も人物もよく知っている人同士の取引では、いちいち現金決済をしないことがあります。1回ごとの現金のやりとりがわずらわしかったり、ちょっと手持ちがないケースがあったりするからです。

この場合、あとでまとめてお金を支払うことになります。

この「ツケ払い」は、要するに信用取引です。相手が「あとで必ず払ってくれる」と信用できるからこそ、ツケは通用します。お金を使わずとも、信用さえあれば取引はできるわけですね。

お金が十分に流通していない時代の取引は、ほとんど信用取引でした。

しかし、よほどよく知っている相手でない限り、信用取引はできません。そのため、お金が十分に流通するようになると、取引のたびに決済が完了する現金決済が主流になりました。

こうして相手を選ばずに簡単に取引ができるようになったことで、経済が拡大し、文化や文明の交流も盛んになりました。お金は取引を円滑にするのです。

ちなみに、株式投資などでは「レバレッジをかける」という言葉が使われます。手持ちの資金以上の額で取引することで、これも証券会社が顧客を信用してお金を貸している形なので、信用取引の一種といえます。

そうだね。それにカード会社が間に入っているから、手数料もかかる。だから、**お客さんとお店との間で、一対一でお金のやりとりができる電子マネーのシステムがあれば、クレジットカードは今ほど必要じゃなくなる**だろうね。高額の商品を分割払いで買いたいというニーズはあると思うけど。

じゃあカード会社は大変ですね。

だからＪＣＢなんかは、電子マネーと同じようにカードをかざすだけで支払いが行える「QUICPay」を作って、将来に備えている。他のカード会社も、最近はコストの安い「デビットカード」の発行に力を入れているね。

デビットカードってなんですか？

デビットカードというのは、銀行と提携して、支払金額を銀行口座から即時に引き落とす決済システムのことだ。もともとは銀行のキャッシュカードをその

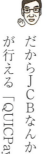

まま使える仕組みだったのだけど、銀行があまり普及に熱心でなかったために加盟店が増えなかった。そこでVisaやJCBが、自社の加盟店で使えるデビットカードを銀行と提携して発行するようになったんだ。

それって、ほとんど電子マネーと同じですね。

ジェットコースターマネー

お金って思っていた以上に電子データのやりとりが多いんですね。だけど預金とかクレジットカードの利用がほとんどで、お店で直接電子マネーを支払う人は少ないってことがわかりました。これが、仮想通貨を持っていても「決済の手段」として使わない人が多い理由ですか?

いや、ここまでは電子マネー全般があまり使われていないという話で、仮想通貨にはもっと大きな問題がある。**仮想通貨は、そもそも決済の手段として問題があってまだ未熟**なんだ。

どういうことですか?

短期間で通貨の価値がコロコロ変わってしまうので、買い物には使いにくいのが現状なんだよ。

難しくてよくわかりません。

たとえば、**１ＢＴＣが１００万円と同じだったのが、何カ月か経つと50万円の価値しかなくなってることがある**ということだよ。日本円と外貨の「為替レート」というものがあるだろう。カナちゃんは海外旅行が好きそうだから、よく知っているはずだね。

それはわかります。両替するとき、１ドルが１１０円だったり１１５円だった

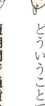

りします。

仮想通貨もそれとなんら変わらない。ビットコインは、米ドルやユーロと同じように、独立した一つの通貨だからね。

でも米ドルやユーロは、そんなに大きく変動しないように思います。1ドルは80～120円だし、1ユーロは100～140円ですよね。

その通りだね。ビットコインの値動きは、法定通貨に比べると、とても激しい。**ビットコインは、2017年1月には1BTCが10万円だったのに、12月には230万円に上がって、2018年末は40万円程度に下がっている。**

えーっ？　ジェットコースターみたいですね！

そうなんだ。**2017年末には軽自動車が1BTCで買えるくらいだったのに、1年後には6BTCくらい必要になってしまう。**

まるでジェットコースター！
ビットコインの激しい値動き

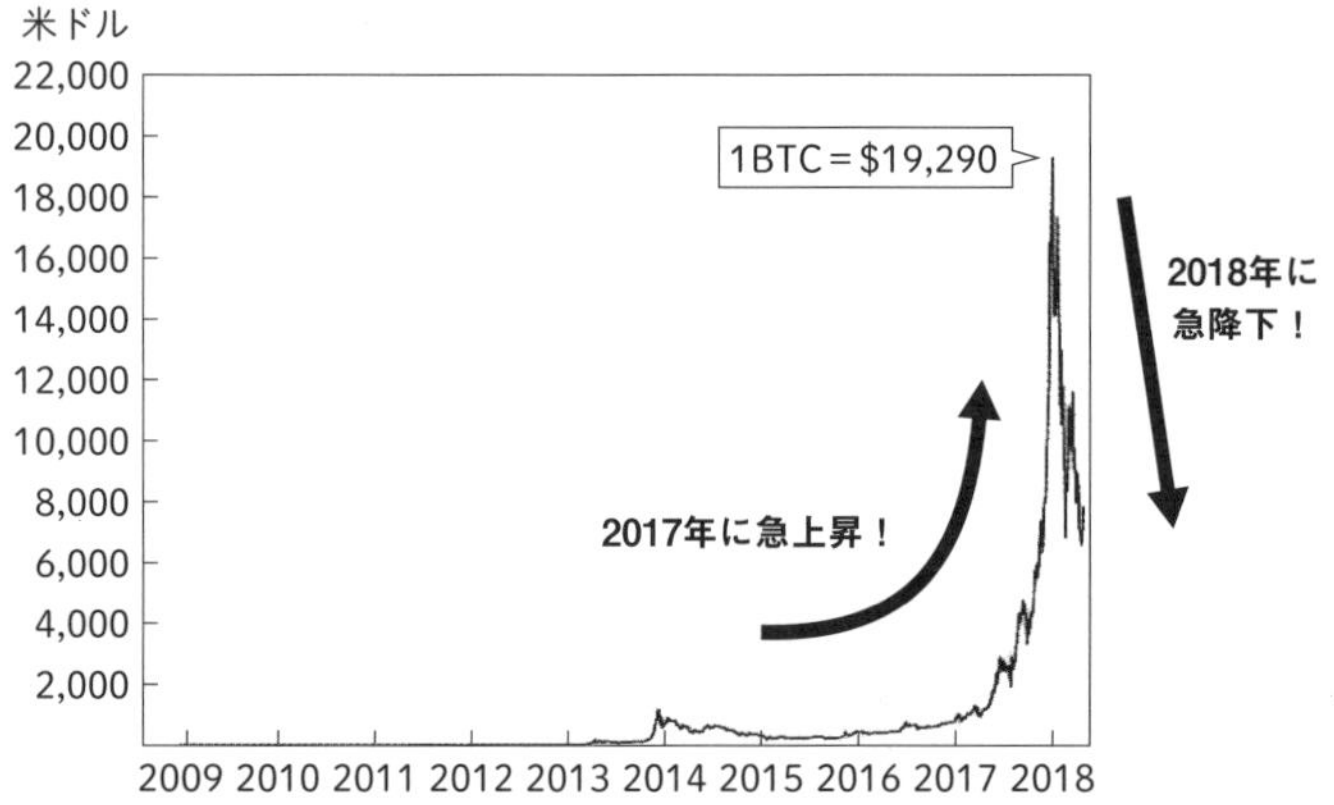

出典：blockchain.info

6倍！　買い物するのが怖くなっちゃいますね。

1BTCが何円なのか、いつも気にしておかないといけない。これが、仮想通貨が「決済の手段」として主役になれない大きな理由だ。

それだったらキャッシュレスにするにしても、電子マネーがいいな。

電子マネーはあくまでも円を電子化したものだからね。

１０００円はいつでも１０００円だ。**法定通貨である円以外の通貨を日本で使おうとすると、こういう「対円レート」の問題が起こる。**

少なくとも日本での買い物には向いてないですね。トシくんが使わないわけだ。

でも、それなのになんでみんなビットコインを欲しがったりしたんだろう？

ますますわからないです。

それが仮想通貨の「財産」としての顔の話につながるんだよ。

「億《おく》り人《びと》」狂騒曲

お金というのは仮想通貨に限らず、持っていれば「財産」になる。**２０１９年１月１日時点だと、１ＢＴＣは42万円くらいの財産的価値**ということだ。

財産的価値？　言葉がもうなじみがなくて頭に入ってきません。

２０１７年の４月に改正版が施行された「資金決済に関する法律」で、仮想通貨は他者と交換できる財産的価値だと定められたんだ。それまで日本の法律では、仮想通貨は「通貨ではないもの」という曖昧な表現がされていて、法律上は単なるモノのように扱われていた。だからそれまでは仮想通貨を買ったり売ったりするときに消費税がかけられていたんだけど、２０１７年の７月からは非課税になっている。ちょっと難しいかな。

どういうことですか？

以前は１００万円をビットコインに替えようとしたら、税込みで１０８万円支払う必要があった。モノを買うのと同じで８％の消費税がかかっていたんだね。でも、円を米ドルに両替するときに消費税がかかるかい？

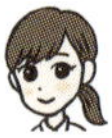

かからないです。

そうだね。通貨同士を交換するときに消費税はかからない。仮想通貨も、それと同じように扱うことになったということだ。要するに**「売買するモノ」から「交換できる財産的価値」へと見直された**わけ。

米ドルとかと同じようなお金だと認められたんですね。

まあ、そのように考えていいだろう。そして、その**財産的価値は他の通貨との関係で相対的に決まるものだから、円を基準にした場合も上がったり下がったりする**。この側面だけ見れば、仮想通貨も株や不動産と同じだ。それが、トシくんが仮想通貨を使わないのに所有している理由なんだよ。

そうなんですか？

「持っているだけで儲かるかもしれない」から持っているんだ。要するに値上がりを期待しているってこと。もしカナちゃんが２０１７年の１月頃に、10万

円で1BTCを買っていたら、今頃どうなっている？　2019年1月では1BTCが40万円近いわけだけど。

10万円で買った1BTCが40万円になったんだから……また円に両替したら30万円増えて戻ってきますね。

そうだよね。一時期「億《おく》り人《びと》」なんて言葉が少しはやったけれど、**ビットコインがまだ安いうちに買っていた人は、価値が爆発的に高まったことで莫大な利益を得た。**だから「仮想通貨を使って円を儲けよう」という人が激増したんだ。

仮想通貨が自由で多様性のあるお金だか

仮想通貨は「モノ」から「財産的価値」へ

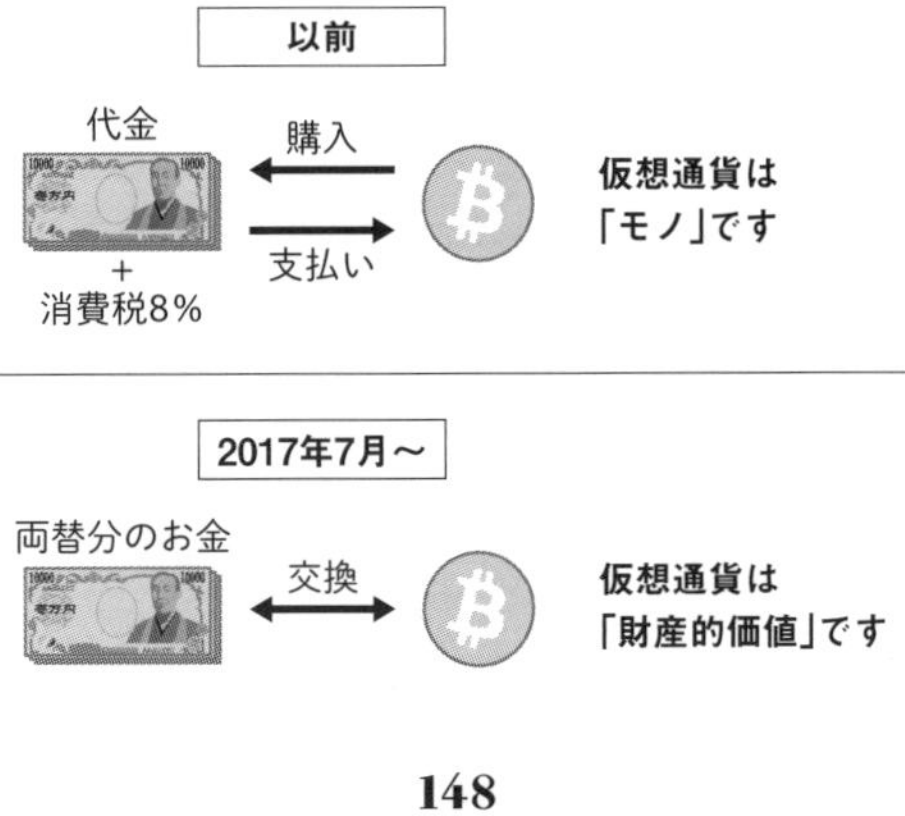

ら欲しがったわけじゃないんですね。

単純に儲かるからだ。純粋に仮想通貨を使いたいという人は、ほとんどいないんじゃないかと思う。書店を見ても「仮想通貨投資入門」みたいな本がたくさん出ているしね。つまり、仮想通貨は円を増やすための投資の道具、という認識なんじゃないかな。

ワイドショーでも儲かったという人の話がよく出てましたけど、私も先生のお話を聞くまで、仮想通貨がなんなのか、よくわからなかったです。

2017年の盛り上がりは、仮想通貨の本質的な議論が抜け落ちた、「億り人」狂騒曲といった印象だ。それも、大儲けするか大損するかわからない、ギャンブルのようなものだった。いわゆる投機的なものだ。

先生が言っている「みらいのお金」の話とは全然違いますね。

仮想通貨の一面だけを切り取った、表面的な動きだったと言える。コインチェックでの流出事件が起きるまでは、比較的規制が緩かったこともあって、仮想通貨の交換業者が乱立した。「儲かるかもしれない」と期待して仮想通貨を欲しがる人が増えたから、交換サービスがビジネスになると考える人も大勢いたんだね。

テレビコマーシャルもバンバンやっていましたよね。

すごく流行ったよね。今でもビットコインの取引量は、日本円での取引が世界でもトップクラスに多いんだ。

ああ、だから、キャッシュレス化は進んでいないのに、「仮想通貨天国」なんですね。実際に儲かった人もたくさんいるみたいだし。あー、私ももっと早くに知っていればよかった！

一つ補足しておこう。**仮想通貨の取引で儲かった、つまり円に戻したときに利**

益が出た場合には、所得税・住民税がかかるからね。最高で税率55％だから、何千万円も儲かったら半分は税金だ。しかも、給与など他の所得との合計額に対して税金がかかるから、思うほど利益が残らないかもしれない。税金の計算はここでは省略するけど。

なるほど。でも、仮想通貨の本当にいいところは、投資で大儲けできることじゃないですもんね。

そういうこと。ただ、投資ブームがあったからこそ、今は次の段階に来ているんだと思う。**ビットコインの暴騰と急落があり、仮想通貨の流出事件もあった。いろんな面が知られるようになって、仮想通貨ってなんなんだ？　といった本質を、立ち止まって考える時期が来た**んじゃないかな。

仮想通貨投資ブームはもう終わり？

じゃあ先生、今から私がビットコインを手に入れても、そんなに値上がりすることはないってことですか？

それは誰にもわからないよ。ビットコインの価値がまた高まると考えている人もいるかもしれないが、２０１８年にビットコインの価格が下がる中で、マイニングそのものがコストとの関係でペイしなくなり、多くの会社がマイニング事業から撤退したという話もある。マイニングする人がいなくなると、新しいビットコインが供給されなくなってしまう。**仮想通貨の取引所などではビットコインに代わって、別の仮想通貨が中心的な存在になるかもしれない**。何しろ世界には２０００種類もの仮想通貨があると言われているからね。

その中で値上がりする仮想通貨もあるかもしれないわけですね。そういえば、そもそもどうして仮想通貨だけがこんなに高くなったり安くなったりするんで

メジャーな仮想通貨

ビットコイン
言わずと知れた仮想通貨の代表格。時価総額ナンバーワン。2009 年開始

ライトコイン
ビットコインから派生した改良型通貨。2011 年開始

リップル
2004 年から開発が続けられてきた仮想通貨。2012 年開始

イーサリアム
スマートコントラクトに対応した新フォーマット。2014 年開始

モナコイン
日本で開発された仮想通貨。名称は「2 ちゃんねる」のキャラクターに由来。2014 年開始

すか？　円や米ドルと同じで、一種の通貨なわけですよね。

いい質問だね。簡単に言うと「価値が定まっていないから」という答えになってしまうし、仮想通貨だからというわけでもない。**たしかにビットコインの値動きは激しかったけど、法定通貨だって必ずしも安定しているわけではない**よ。

えっ、国が作っているお金でも？

日本円だって見方によっては大きく変動している。１９７１年までは、１ドルは３６０円だった。でも、１９９５年と２０１２年には１ドルが80円になった。

でも、それはすごく長い期間での変化じゃないですか。

短期で変動した例もあるよ。第一次世界大戦後のドイツでは、１年間で価値が２２０億％も下がるほどのハイパーインフレが起きた。ドイツほどではないけど、第二次世界大戦後の日本でも、１年間で物価が6倍になるインフレに見舞

われた。古い話ばかりじゃない。**トルコリラは２０１６年から２０１８年にかけて、価値が半分になっている。２０１８年にはアルゼンチンが40％のインフレを記録し、ベネズエラに至っては、新通貨への切り替えの不安から、年間インフレ率が10万％を超えた。**ビットコイン程度の価格の乱高下は、通貨にとって、実はそんなに珍しいものじゃないんだ。

でもそれだったら、仮想通貨は価値が安定しないから決済には使いにくいっていう話は変じゃないですか？

むむ！　またまたするどい質問だね。たしかにその通りなんだよ。**仮想通貨が決済の手段として定着しないのは不安定だから、というのは事実だ。短期間でビットコインを売ったり買ったりする人が多すぎる。だけどさっきも言ったように、価値が不安定なのは仮想通貨だからというわけではない。**

ややこしいです！

要するに、法定通貨であれ仮想通貨であれ、「お金」というものの価値は安定したり変動したりするってことなんだ。今は、円が安定していてビットコインの値動きがすごく激しい時代というだけなんだよ。だから、この先どうなるかは誰にもわからない。

うーん、わかるようなわからないような……。

このことを理解するには、お金と価値と信用について、きちんと知ってもらわないといけないな。カナちゃんは、どうしてビットコインが急激に値上がりしたんだと思う？

さっき先生に聞きました。儲かるかもしれないからみんなが欲しがって、交換サービスをする業者も増えたから。

じゃあ、もう一歩話を進めようか。なんでみんなが欲しがると、ビットコインの価値が高くなるんだろう？

それは……なんでもそうじゃないですか。人気があるものは高いんですよ、「ヤフオク」みたいな感じで。

答えにはなっていないけど、案外いい線いってるね。**人気があるものは高いというのは当然なんだけど、それは数に限りがあるからだ。**無限に作れるものだったら、欲しい人にどんどん配ればいいし、高いお金を払う必要もない。つまり価値が低い。

ほら！　「ヤフオク」でも限定ものはプレミアム価格になってますもん。

ではビットコインはどうだったかな？　1時間目で話したことを思い出してごらん。

「マイニング」というやつで少しずつ発行量が増えていて……あ、総量は決まっていると教えてもらいました！

そういうこと。2100万BTCが上限だったね。だから、欲しがる人が増えるほど価値が高くなるんだ。ありえないことだけど、仮に「上限を撤廃します」となったら価値は下がるだろう。

そうじゃなくても、「もう手放そう」って人が増えたら、値下がりするわけですね。それだとやっぱり、安心して使えないですね。

これまでのように、みんなが仮想通貨を投資（というか投機）の道具としてしか見ていなかったら、通貨としてはなかなか定着しないだろうね。だけど今は、仮想通貨とブロックチェーンが経済に革命を起こす「みらいのお金」として認知され始めている。

自由で多様性のある社会を作るってやつですね。

みんながこのテクノロジーの力を使って、自由で多様な経済を作り始めるよう

になったら、仮想通貨の価値も正しく評価されるだろう。**２０１７年は仮想通貨元年などと言われたけど、ほとんどの人が「対円レートで上がるか下がるか」しか見ていなかった。結局、「円の経済」に縛られたままだったと言える。**

円の壁

でも私も、まだ円のほうが安心です。

大半の人がそうだろう。「これからは円から解放されて自由な人生を！」なんて急に言われても、目の前には生活がある。生活するにはお金が必要だ。そしてそのお金とは、まさに円なんだから。この「円の壁」を乗り越えるのは、そう簡単なことではないよね。さて、ここでカナちゃんに質問だ。**私たちが円から離れられないのは、円が安心して使える通貨で、円があれば暮らしていけると信じているから**だ。さっきの話の続きだけど、どうして円は価値が安定して

いるんだろうか。

それはやっぱり、国が作っているからじゃないですか？

たしかにそうだね。**法定通貨である円には強制力がある。円での支払いを私たちは拒否できない**。「中央集権型」で国と日本銀行が管理しているわけだから、安心して使えるよね。

でも法定通貨も値動きはあるし、昔の日本や外国では急に価値が上がったり下がったりもしたんですよね。どうして今はそういうことがないんですか？

それこそ中央集権型で管理しているからさ。為替というのは、いろんな経済活動に大きな影響を与えるものなんだ。たとえば円安になると、輸入価格が上がってしまうので企業の利益率が悪化するとかね。いろいろと状況によるから一概には言えないけれど、要するに国が経済状況を見て「いい感じ」に調整しているわけだ。

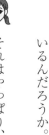

どうやって？

「為替介入」といって実際に外貨を売買したり、日銀が通貨の流通量を増やしたり減らしたりしている。政府の政策がうまくいって、その国の経済がしっかりしていると海外から評価されれば、その国の通貨は「買い」ということになったりする。これ以上は難しい金融や経済政策の話になってしまうから、説明はやめておこう。

はい。頭から煙が出そうです。

政府は頑張って法定通貨の価値を守っている！

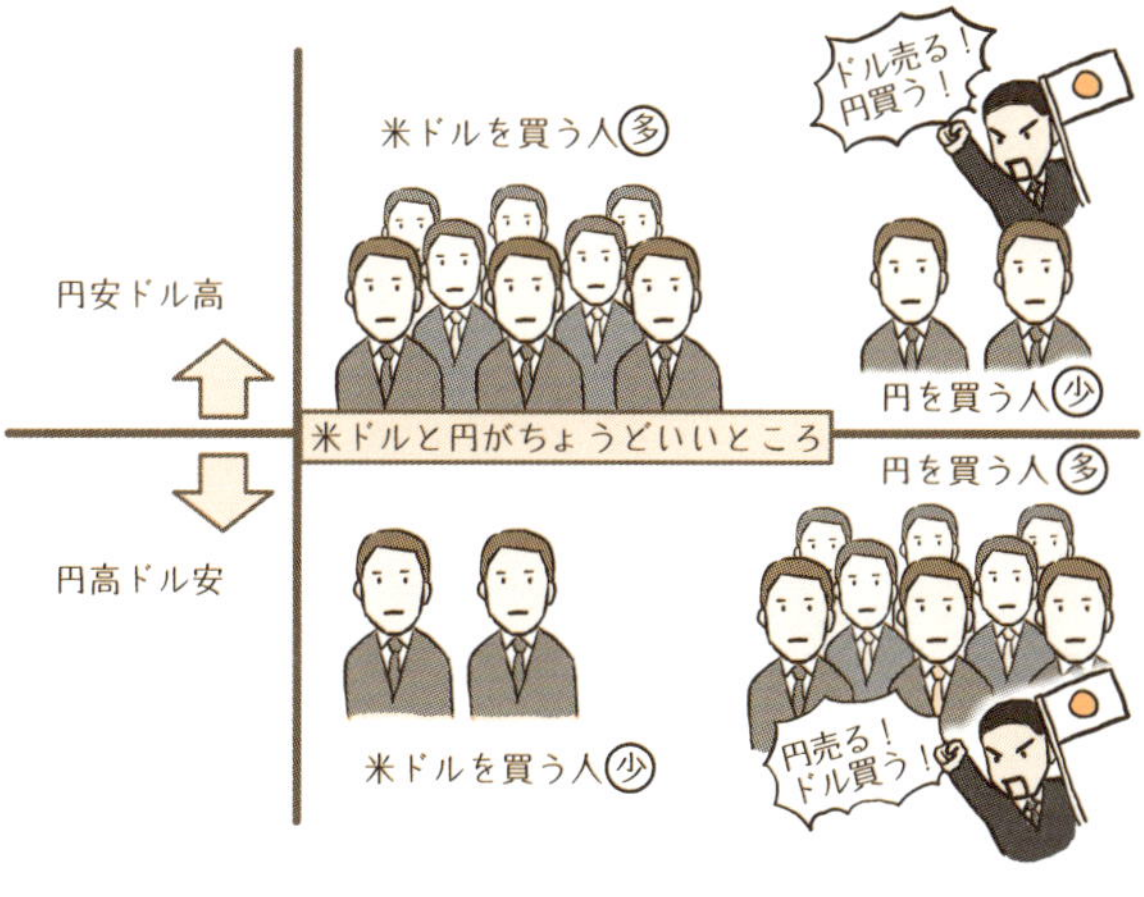

ここで大事なのは、「国がバックにあるんだから円は安全だ」とみんなが信じていることだ。つまり法定通貨には国家という信用があり、信用があるから価値が保てている。

そうすると、ビットコインのような仮想通貨は誰を信用すればいいんですか？

前に話したように、仮想通貨やブロックチェーンのシステムは、「非中央集権型」を目指したものだ。ビットコインには発行者も管理者もいないから、はっきり言ってなんの裏付けもない。あえて言うなら、**「ミスや悪意のないテクノロジー」を信用するということになる。あとは、システムにすべてを委ねるその思想とか、実際に使われている様子から、みんなで評価して価値を認めてい**くってことかな。

そんなフワッとした感じで大丈夫なんですか？　評価が全然安定しないから価値が激しく上がったり下がったりしたんじゃないんですか？

投資ブームのときは、儲かるか損するかのマネーゲームでしかなかったから、「みらいのお金」としてビットコインをちゃんと評価していたとは言い難い。
それに世の中のほとんどのものには、明確な信用の裏付けなんてないと思うよ。
たとえば、きみは純金には価値があると思っているよね。

まあ、そうですね。

それはなんでかな？　ただの黄色く光る金属なんだけど。

だって「金」ですよ。昔から黄金には価値があるって言われていたし、お金としても使われてきたし、お店に持っていけば買い取ってもらえるし、実際に今も１グラムが５０００円くらいで取引されているじゃないですか。

なるほど。歴史と伝統があって、換金できるから価値があると言うんだね。でも、ビットコインだっていつでも日本円に換金できる。実際にお金として使えるお店もあるから、純金よりも人に受け取ってもらえる可能性も高い。

それならビットコインは純金と同じくらいの信用を得られる？

それはわからない。ビットコインを信用するかどうかは、私たち一人ひとりに委ねられているんだから、人それぞれだろう。ただ、**正しく評価するためには、投機の道具ではなくて、通貨としてどういう意味や利便性があるものかを知らなくちゃいけない**ね。

実際に、先生のような専門家の間でも、意見はいろいろあるんですか？

もちろんさ。国家に依存しないビットコインのほうが、災害や戦争があっても価値を保ちやすいと考える人もいる。逆に、ネットにつながないと使えないものだから、ネットワークシステムがダウンするような災害時には危険だという人もいるだろう。それから、ビットコインは純金と同じく有限なので、その気になればいくらでも増やせる法定通貨より信用できると考える人もいる。

これから真価が問われる感じですね。

ただ、**ビットコインが誕生してそろそろ10年になるけど、システムは破綻することなく回り続けているのは事実だ。そして実際に決済に使っている企業もある。少なくとも一定の信用は得られていると言えるだろう。**

うーん、本当に世界中の人が認めて使っているのなら信用できるかも。

これから先、何を信用する？

ここまでの話を整理しよう。これまで仮想通貨は、どちらかというと投資の対象として見られる面が強かった。一方で、決済の手段としては、まだ正しく価値を評価されていない。そして価値を決めるのは「信用」だ。つまり、**いかに信用を獲得するかが、仮想通貨全体に通じるこれからのテーマだと言える**ね。

その「信用」って、どうやって得られるんでしょうか。

ビットコインに関して言えば、自然に生まれるものとしか言いようがない。発行者や管理者がおらず、ただシステムがあるだけだからね。**「よい」という人も「悪い」という人もいて、結果的に適切な評価がなされるだろう、というのが根本的な思想だ。**

ビットコイン以外も同じなんですか？　2000種類もあるんですよね。

ビットコインは完全に自立したシステムだけど、そうじゃない仮想通貨もあるよ。企業や個人が発行して、管理しているものもある。中央集権と非中央集権の中間といったところかな。そういうものは、**発行者の人物像や考え方、過去の実績、将来のビジョンみたいなことも含めて、信用が必要になるだろう**ね。

なるほど。そうなると、信用できる通貨は人によって違うかもしれないですね。

だから、**仮想通貨を使うことが当たり前になったら、何種類もの通貨をみんなが使い分けるようになる**はずだ。大勢の人が評価する通貨もあれば、一部の人が熱狂的に支持する通貨もあっていいよね。野菜を買うときはこの通貨、本を買うときはこの通貨とか、目的によって通貨を使い分けるかもしれない。もちろん円を使うことだってあるだろう。まさに多様性の時代だね。

それは面白いですね！　そっか、**どれか一つのお金を使わないといけない、なんてことはないんですよね。自分が信用できるものを使えばいいんだ**。

そういうこと。お金の未来は生き方の未来だと言ったよね。**自分が信用できる企業や人やプロジェクトを見極めて、通貨を選び取っていくことが、まさに生き方の選択につながる。国家や法定通貨だけを信じ続けるのも自由。そうではない通貨を使ったり、あるいは自分で作ったりすることも自由だ**。今でもたくさんの仮想通貨が発行されているから、カナちゃんもどれが自分に合っているか考えてみるといいよ。

3時間目のおさらい

- 仮想通貨は「決済の手段」であり「財産」でもある
- 日本のキャッシュレス決済比率は20%
- 海外では割り勘もキャッシュレス
- 実は日本で使われるお金のほとんどが電子データ
- 2017年の仮想通貨ブームはギャンブルのようなもの
- 仮想通貨が使いにくいのは値動きが激しいから
- 「信用の獲得」が仮想通貨の課題

4 時間目

「みらいのお金」も「昔のお金」も約束と信用でできている

トシくんが仮想通貨を持っている理由がわかったよ。どう？　買ったときより値上がりしてる？

いやそれがね……ちょっと手を出すのが遅かったみたいで、あんまり。

ふーん。でも、仮想通貨の役割はそれだけじゃないからね。一喜一憂しても仕方がないんじゃない？

なんだか随分と上から目線になったね……。

トシくんも、「みらいのお金」をどんなふうに使うのか、もっとちゃんと考えたほうがいいんじゃないかなあ。お金は信用よ。ほほほ。

なんだか立場が逆転しちゃったなあ。よほど先生の話が面白いみたいだね。

難しいけど、お金についてこんなに考えたことないから、ちょっと賢くなった

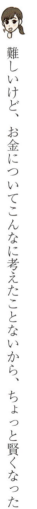

気分。

お金は信用か……。たしかにこの一万円札だって、言ってしまえばただの紙切れだもんなあ。でもこれを２００枚くらい渡せば、自動車と交換してくれるんだから、よくよく考えると不思議な感じがするよね。

当たり前にやっていることだけど、いつからこんなことを始めたんだろうね？

さあ。歴史の授業で習ったような気もするけど、お金の授業って受けたことないもんね。

そもそもお金ってなんなんだろう？

お金は三つの機能を備えたメディア

先生、いろいろ考えているうちに、そもそもお金ってなんなのか、気になり始めました。

それはいいことだ。「みらいのお金」を知るためには、「過去のお金」を知っておくことが役に立つ。**未来も過去も、お金の本質的な役割は同じ**だからね。

この前、お金は受け取ってもらえるように信用を得ないといけないって聞きましたけど、紙幣も人によってはただの紙切れなんですか？

極論だけど、そうだね。いくら「日本銀行券」と名前がついていても、その意味や使い方を理解していない人にとっては、単なる紙切れだ。

そうすると、前に仮想通貨には財産的価値があるって教えてもらいましたけど、

それってなんのことを言っているんでしょう？　だって、紙幣が紙切れだって言うなら、データなんてなんにもないですよ。ただの電気信号ですよ。

なるほど。随分と考え込んだみたいだね。

はい。お金ってなんなんですか？

お金はメディアだ。何かを伝えたり運んだりする媒体ということ。

メ、メディアですか？　CDみたいな？

そう、三つの機能を備えたメディア。

三つの機能ってなんですか？

一つ目が「価値の保存」で、二つ目が「価値の交換」、三つ目が「価値の尺度」

だ。いずれも価値にまつわるものだから、お金は「価値」だと言っても間違いではない。ただし、より正確に言えば、**お金は「価値」を保存したり交換したり測ったりするものであって、「価値」そのものじゃない**んだ。

でも「価値」のあるものと交換できるんだから、お金には「価値」があるって言ってもいいんじゃないですか？

もしきみがこれから無人島で誰とも連絡をとらずにたった一人で暮らすとして、価値のある手荷物を持っていけるとしたら何を持っていく？ お金は選ばないと思うよ。たった一人でお金を持っていても意味がないよね。

お金は他人と交換しない限り価値がないってことですか？

その通りだ。きみが人類の最後の一人で、飢えて死にそうになったとしたら、大金よりも水や食料のほうが、よほど価値を持つ。

お金の三つの機能

①**価値の保存**
肉や魚はどんなに価値があっても長期保存ができないが、お金に換えることでその価値を保存することができる。昔の日本でお米がお金として使われたのは、保存や計量に適しているため。

②**価値の交換**
お金は何とでも交換できる。物々交換では、お互いに欲しいものを都合よく持っているとは限らない。手持ちの肉を魚と交換したいと思っても、魚を持っている人が肉を欲しがっていなければ交換できない。

③**価値の尺度**
何にどのくらいの価値があるのか、客観的に測ることができる。物々交換の場合、お互いに「自分の持っているもののほうが価値がある」と主張し合って、取引が成立しないこともある。

だったら今でも、お金が絶対に必要なわけではないですよね。水や食料みたいに価値あるものがどうにか手に入ればいいんだから。

そうだね。だから物々交換をしてもいいけれど、かさばるし、重いし、常に持ち歩けるものでもない。そこで、**誰もが認めるお金があれば、価値の交換のためのメディアになる**わけだ。

なるほど。それは「価値の交換」の機能ですよね。その前の「価値の保存」というのは？

水や食料は傷んでしまうから、長く保存できないよね。でもその分の価値をお金に換えておければ、1年後に、たとえば魚と交換することができる。現在の水や食料という価値を、1年後まで保存することができた。

本当だ。

こうして誰もがお金をメディアとして価値を交換し始めると、必然的にすべての価値に値段がつけられるようになる。これが「価値の尺度」としてのお金の機能だ。だから「お金で買えないものはない」という俗っぽい言葉も、一面では真理となる。つけようと思えば、何にでも値段をつけることができるからね。

そうなんですか？　愛はお金では買えませんよ。

「愛」という抽象的な概念に値段をつけるのは難しいね。でも細かく定義すればお金で買えるものになるよ。たとえば、私は朝が弱いのだけど、明日から1

カ月間、毎日朝6時にモーニングコールをして起こしてくれるというのはどうだい？　けっこう愛情がないとできないけど、お金をもらえるならやってもいいだろう？

1回1万円くらいもらえるなら、やってもいいです。

随分高いね！　でも、きみは値段をつけることができた。

なんだか屁《へ》理屈《りくつ》みたいですけど。まあ、お金の三つの機能はわかりました。

お金を機能させるのが「信用」

ただし、**お金がその機能を果たすためには、どうしても必要なものがある。それが「信用」**だ。

あ、この間の話につながりましたね。信用がないと、誰もお金として受け取ってくれないですよね。

そうだね。そして**「信用」には二つの意味がある。一つは、物体としての「お金」そのものの「信用」だ。要するに偽物《にせもの》じゃないってこと。**だから昔から、自然界に希少で、見た目で他の金属と判別しやすい、金や銀などの貴金属がお金として使われてきた。

「透かし」のようなお札の偽造防止の加工とか、ブロックチェーンの改ざん防止の仕組みとかも、その意味での信用になるわけですね。

そういうこと。そして**信用の二つ目の意味は、その「お金」を使う人の「信用」**だ。どんなにお金を媒介にしていても、「信用」のおけない相手とは取引したくない。これは人類に共通する心理だ。

●本書へのご意見・ご感想をお聞かせください。

ご 協 力 あ り が と う ご ざ い ま し た 。

郵便はがき

切手を
お貼りください

105-0003

（受取人）
東京都港区西新橋2-23-1
3東洋海事ビル
(株)アスコム

いま知っておきたい
「みらいのお金」の話

読者　係

本書をお買いあげ頂き、誠にありがとうございました。お手数ですが、今後の出版の参考のため各項目にご記入のうえ、弊社までご返送ください。

お名前	男・女	才
ご住所　〒		
Tel	E-mail	
この本の満足度は何％ですか？		％
今後、著者や新刊に関する情報、新企画へのアンケート、セミナーのご案内などを郵送または eメールにて送付させていただいてもよろしいでしょうか？ □はい　□いいえ		

返送いただいた方の中から**抽選で5名**の方に
図書カード5000円分をプレゼントさせていただきます。

当選の発表はプレゼント商品の発送をもって代えさせていただきます。
※ご記入いただいた個人情報はプレゼントの発送以外に利用することはありません。
※本書へのご意見・ご感想に関しては、本書の広告などに文面を掲載させていただく場合がございます。

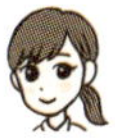

なるほど。**お金があっても「信用」がなければ、使うことはできない**んですね。

そうだ。だから、お金の起源として、実は二つの説が考えられている。一つは、狩猟採集時代にまず物々交換があり、その物々交換を便利にするための道具として、貝殻や穀物が使われるようになったというものだ。小さくて軽くて長期保存のできる貝殻や米は、取引の道具には最適だからね。しかし、貨幣経済以前に物々交換経済がたしかに存在したという証拠は、考古学的には発見されていない。だから、**最初のお金は物々交換の道具としてではなく、個人の「信用」を記録するものとして生まれたと考える学者もいる**。

どういうことですか？

実際にやってみようか。私は何も持っていない。だけどお腹が空いたから、カナちゃんの持っている魚を分けてほしい。どうかな？

タダじゃあげられないですよ。

じゃあ、今度、肉が獲《と》れたときに分けてあげるから。この条件ならいい？

まあいいですけど、信じていいものか……。

それならここに書いておくよ。「〇月×日、マツダはカナちゃんに魚をもらって、×月〇日に肉を返すと約束します」

わかりました。その紙は預かるので、魚を持っていっていいですよ。

さあ、その紙がお金の起源だ。**現金がなくても、約束を守る信用があれば取引はできる**。前にクレジットカードの説明で話した「信用取引」というやつだ。

ええ？　この貸し借りの記録がお金？　でもこれは人に渡したり交換したりできないですけど？

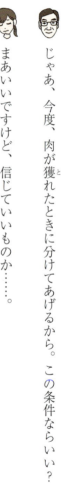

そんなことはないよ。その紙はカナちゃんが肉をもらう権利の証明だから、肉の代わりと言ってもいい。実際にお金のように使えるよ。たとえばカナちゃんが肉よりどんぐりが欲しくなったとしよう。そしたら、どんぐりを持っているトシくんのところに行って、その「肉がもらえる紙」と交換してもらえばいい。

ややこしくなってきました。

するとトシくんが肉をもらう権利を手にするので、マツダはトシくんに肉を渡さないといけない。

信用があればただの紙もお金になる

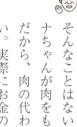

そっか。紙を間に使うことで、魚と肉とどんぐりをうまく交換できたんだ。これで丸く収まりましたね。

ほらね。信用できる約束が書かれた紙は、お金になるんだ。いずれにしろ、貨幣が誕生するより前から、人間の共同体は「信用取引」を行っていたと考える学者もいる。この**信用取引の債務の記録が、お金の概念を生み出した**。なにしろ古代メソポタミアでは、貨幣が発明されるよりずっと前から融資やツケ払い（信用取引）が存在していたことがわかっている。**目に見える貨幣がなくても記録さえあればいい、というのがお金の本質ならば、キャッシュレス社会になっても不自然じゃない**。

富が富を生む中央集権型の社会

こうやって成り立ちから考えると、**お金って約束とか信用とか目に見えないもので、本当は形もない**んだということがよくわかりますね。

そうだね。それでも人間の社会にお金は欠かせない。貨幣の起源には諸説あるけど、世界各地の文明がそれぞれ別々にお金を作っている。最初は貝殻などが使われていたけど、紀元前4世紀から紀元7世紀の頃には、金属貨幣が作られるようになった。当時、鋳造貨幣を発行できたのは、大商人や王など、ある程度の権力者だけだった。なぜだかわかるかな？

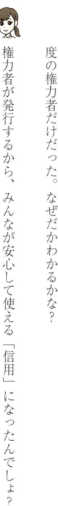

権力者が発行するから、みんなが安心して使える「信用」になったんでしょ？

そうだね。権力と富があるから「これを貨幣として使え」という押し付けができた。それに、貨幣を発行することにはうまみがある。発行にかかったコスト以上の価値を持たせれば、それだけで利益が生まれる。**権力者が、権力を背景に富を集めて、その富を背景にさらに富を収奪していくスタイルは、お金とともに生まれていく。**なぜなら、お金は価値を保存して蓄積するものだからだ。

お金持ちがどんどんお金を増やせるんですね。

ただ、王は集めた富で私腹を肥やしていたばかりではないよ。道をつくって交易を奨励したり、兵士に年金を支給したり、政治には財源が必要だったんだ。それに貨幣を発行したのは王だけではない。後には金貸しが手形や小切手を発行し、これがお金として流通するようになる。手形や小切手というものは、もともと「当銀行は、あなたのお金をこれだけ預かっています」と証明する受領証だった。しかし、大量の金属貨幣を持ち運ぶのは大変だったので、その紙がそのまま取引に使われるようになったんだ。

つまり「この紙を銀行に持っていけばお金を受け取れますよ」ということで、代金の支払いに使えるようになったわけですね。

COLUMN

原始時代からブロックチェーンが存在した!?

お金の起源は、石や貝殻といった「モノ」だったと聞いたことがある人も多いと思います。しかし近年の考古学によれば、実は違うことがわかってきました。

グアムとパラオの間あたり、ミクロネシア連邦のヤップ島というところで、最初期のマネーシステムが発見されました。原始時代の単純な経済なのに、物々交換ではなく、石に取引内容を刻んで記録することで、価値を交換していたのです。

しかも、取引に伴って生じる債務（借り）は、相手と別の取引で債権（貸し）があれば、相殺して記載されていました。相殺後に残った分は、与信残高、つまり債務として管理されて、将来の取引で利用するということまで行われていたといいます。

つまり、石や貝などの物理的なお金ではなく、清算機能を持つ債権債務の管理システムがすでに存在していたのです。これは一種の信用システムとして機能していました。

ヤップ島に限らず、人類学者たちの調査でも、物々交換の証拠は発見できておらず、「モノ」から貨幣が生まれたという説は支持されていません。

こう考えると、お金というのは最初から台帳方式だったことになります。原始時代には石に刻まれていた情報が、現代ではブロックチェーンに刻まれているということなのです。

昔の日本はニセ金だらけ？

実際に、お金を発行して財力を得た古代の王様たちはどうなったんですか？

古代の王が自分の権力を誇示し、財を得るために硬貨を鋳造するようになると、支配王朝が交代するたびに貨幣も交代するようになった。古くなった硬貨は、新しい硬貨の材料として鋳つぶされることもあったが、首都から遠く離れた地方では、便利な道具としてそのまま使われることも多かった。だから日本では中国の古い貨幣がそのまま使われていた。当時、辺境の未開国家だった日本は長らく自前の通貨を持てなかったし、7世紀頃からようやく貨幣を作り始めたものの、大和朝廷の力がまだそれほど強くなくて一般にはなかなか流通しなかった。

たしかに最古の日本の貨幣は7世紀の富本銭《ふほんせん》だって学校で習いました。

私が学んだ頃は、8世紀の和同開珎《わどうかいちん》が最古だとされていたんだよ。歴史は新しい発見によって塗り替えられるんだね。しかし、**大和朝廷の発行した貨幣はなかなか「信用」を獲得できず、10世紀になると朝廷は貨幣の発行をやめてしまう。鋳造技術が未熟だったために、偽銭が多く出回ってしまい価値が安定しなかったからだ**。だから日本では、もっぱら中国からの輸入銭を使っていた。現行通貨ではなく、滅亡した王朝の銅銭だ。中国は銅の材料として輸出していたんだけど、日本ではそれをそのまま流通貨幣として使用した。道具として便利であれば、貨幣自体はなんでもよかったんだろうね。

昔の日本では国家が発行する貨幣が定着しなかったんですね。意外。

もともと**貨幣は貸し借りを記録するための道具だから、お互いの合意があれば何を使ってもよかったんだ**。現代は中央集権的な貨幣システムに統一されているが、仮想通貨によってそれがまた崩れるかもしれないと私は考えている。実際、富本銭や和同開珎だけでなく、**政府の肝煎りで実施された事業が市場で淘汰されて消滅することは多い**。最近でいえば住民基本台帳カードが、あまり利

用者を増やせずに消えているね。それに引き換え民間企業のサービスはＬＩＮＥにしろメルカリにしろ、広く使われれば生活に欠かせないインフラになる。そんな仮想通貨が生まれれば、日本円の立場も危ういかもしれない。

そんなに簡単に日本円が信用を失うようには思えないですけど。

それは現代人の思い込みじゃないかなあ。古代の貨幣は「信用」できる商売仲間で便宜的に用いられていたもので、誰にとっても価値のあるものではなかった。価値があるのは「信用」であって、貨幣はそれを記録するための道具にすぎなかったからね。そう考えれば、**ＳＮＳのような人間関係を作るインフラ上で、軽い貸し借りを記録するツールとして仮想通貨が人気になることは十分に考えられる**。ビジネスや生活で使われる日本円は、人にあげるには「重すぎる」からね。

重いっていうのは、どういう意味ですか？

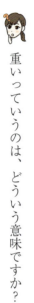

気軽に扱えないってこと。たとえば震災があったときに「余っているお金を寄付してください」と言うのと「余っているポイントを寄付してください」と言うのでは、きっとポイントのほうが集まりやすい。**日本円は交換価値が高すぎて、気軽に人にあげにくいものになっている**んだ。

時給１０００円で働いている人がいて、友達から「１０００円ください」と言われるのと「１時間手伝って」と言われるのとでは、価値的には同じなのに前者はＮＧで後者はＯＫのような気がしますもんね。でも、それって本当にいいのかな？

「１時間くらいならいいよ」と思える人が「１０００円払うのは嫌だ」と感じるのだとしたら、それはお金の価値を高く見積もりすぎているってことかもね。

紙幣は約束が書かれた単なる紙

希少金属である金や銀を貨幣の材料としたことで、10世紀くらいまでのアジア・ヨーロッパでは、貨幣価値は安定していた。ところが文明が進歩して、交易が活発になり、経済規模が大きくなると、新たな問題が出てきた。金や銀は希少金属であるだけに、需要に供給が追いつかず、貨幣の量が足りなくなったんだ。

お金が足りないと、どうなっちゃうんですか？

お金が希少になるので価値が高くなり、物価は逆に下がる。お金がたくさん流通していれば1個1000円だった品物も、お金を持っている人が少ないと1個500円になったりする。つまり物価安＝デフレだ。そこで現代の銀行の役割を担っていた両替商は、手形や小切手といった紙を発行し、貨幣の代わりに使うようになった。要するに金属が足りないから紙でお金を増やしたんだ。

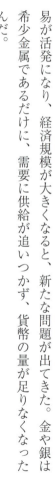

COLUMN

手形や小切手って何？

手形や小切手は、言葉を聞いたことはあっても、自分で使ったことがある人は少ないかもしれません。

どちらも、現金が手元になくても取引ができる「お金の代わり」であることは共通していますが、その機能は少し違います。

手形は「○日後に額面の金額を支払います」と約束したものです。約束を守るという「信用」を背景に、支払期日を将来に延ばすために使われます。手形を受け取った人は、基本的には支払期日を過ぎてから現金を受け取ることになります。

小切手は、お金を支払う側が財産を銀行などに預けておいて、その小切手があれば誰でも引き出せるようにしたもの。小切手を受け取った人は、いつでも現金を引き出すことができます。

どちらも金融業者に財産を預けて、紙で簡単に支払えるようにした仕組みです。手形や小切手の発明によって、大量の現金を用意しなくても済むようになりました。

金融業者が認証した手形や小切手であれば、確実に現金と引き換えられると信じることができるので、銀貨などの貨幣が足りなくなったときに、お金としても使われるようになりました。

お金はその信用さえ担保できれば、どんな形でも構わないことがよくわかります。

手形や小切手は今でもありますけど、私は使ったことないです。

そんなことはない。手形や小切手を使ったことも受け取ったこともない人でも、手形や小切手が源流となって生まれたものを毎日使っているはずだよ。

なんのことですか？

紙幣だよ。希少金属でできていてモノとして価値がある貨幣とは違って、ただの紙である紙幣が、なぜ高額なお金として流通していると思う？　**紙幣はもともと「この紙を定められた機関に持っていけばお金と交換しますよ」と約束する有価証券だった**んだ。

そうなんですか？　ただ貨幣を持ち運びしやすくしただけだと思ってた。

もちろん、手形や小切手が登場したのは、大きな金額を扱いやすくするためだから、その意味もある。しかし、金貨の代わりにただの紙を渡されても人は「信用」しないだろう。**いつでも金貨と引き換えられるという約束があって初めて、ただの紙がお金として通用するようになる**んだ。その名残は今もある。手元にある紙幣の金額の上を見てごらん。なんて書いてある？

「日本銀行券」とあります。

そう。紙幣は、正確に言えば、日本銀行が発行した「借用証書」だ。無利子の債券と言い換えてもいい。日銀が紙幣を印刷することを、ゼロからお金を生み出す魔法のように言う人もいるが、そんなうまい話はない。**紙幣を印刷して一般の銀行に渡すと、日銀には負債が計上される。だから、日銀はなんの制約もなしにお金を発行しているわけじゃない**んだ。

そうなんだ。じゃあ、この福沢諭吉を日銀に持っていけば、1万円分のお金と交換してもらえるわけですね……って、あれ？

そうだね。古い一万円札を日銀に持っていけば、新しい一万円札と交換してもらえるかもしれない。紙が嫌なら、百円玉１００枚と交換してくるかい？

それじゃあ、ただの両替じゃないですか！

うん。昔は貨幣（硬貨）のほうが価値があると思われていたから、それでよかったんだ。日本初の銀行券である十円札紙幣は、銀行に持っていけば10円分の銀貨と交換してもらうことができた。だけど、今の紙幣にはそういう制度はない。額面１万円の紙幣は、１万円の価値がある何かと交換できるようになっているけど、それは日本銀行ではなく、市場でいくらでもできるからね。

そうだったのか。じゃあ、硬貨と紙幣とは成り立ちからして違うんですね。

そうだよ。法律上の扱いにも違いがあって、硬貨を鋳つぶしたり、損傷したりすると「１年以下の懲役又は20万円以下の罰金」に処せられる犯罪になるけど、紙幣を破いたり燃やしたりしても、これを罰する法律はない。

なんとなく不合理な気もしますが、それ自体に価値がある金貨や銀貨といった貨幣をルーツに持つ硬貨と、有価証券だった紙幣との差ですかね。でも私は、もらえるなら紙幣のほうが好きです。

金貨でも銀貨でもない今の硬貨に、モノとしてのフェティシズム（物神崇拝）を持つ人は少ないだろうね。ところが**中世では、「この紙を銀行に持っていけばお金に換えてもらえる」と言われても、受け取らない人が多かったんだ。ずしりとする重みがないと、お金として「信用」できなかったんだろう**ね。

たしかに、ファンタジーゲームで宝箱を開けて、中に入っているのが金貨や銀貨じゃなくて手形や小切手だったら、額面が大きくてもちょっと萎えます。

わかるよ。昔の人は紙幣を信用しなかったし、今だって電子マネーや仮想通貨を信用しない人がいる。新しい概念が登場したときに、すぐに受け入れられないのは誰でも同じだ。でも、今の時点で電子マネーや仮想通貨に懐疑的な人は、

未来の社会では滑稽に見えるかもしれない。紙幣が中国で使われているのを見たマルコ・ポーロは、「中国の皇帝は、ただの紙でなんでも買っている！　すごい錬金術！」って驚いているんだけど、現代人にはその驚きを理解するのが難しい。

「又貸し」で銀行はお金を増やす

中国で紙幣を印刷していたのが皇帝なら、やっぱりお金は中央集権的な権力が発行しないと、なかなか「信用」されないものに思えます。

たしかに中国では中央権力の力が強かった。でもヨーロッパではそうじゃない。ヨーロッパの王はちょっと力の強い貴族程度のもので、宗教的な権威も持っていなかったから簡単に倒されて、しょっちゅう交代していた。中国よりも面積の小さなヨーロッパが、あれだけ多くの国に分裂していることからもそれはわ

かる。だからヨーロッパの紙幣は民間銀行が発行した。これが各国の中央銀行の始まりだ。

え？　中央銀行って政府機関じゃないんですか？

ヨーロッパでもアメリカでも日本でも、**紙幣を発行する中央銀行は、政府から独立している機関**だよ。政府が紙幣を発行することになると、政治に必要だからと大量に印刷して、経済がめちゃめちゃになる危険性があるからね。

じゃあ、政府がお金を必要とするときはどうするんですか？

まずは税金で集める。それでも足らず一時的にお金が必要になったら、徴税権（税金を集めることができる権利）を担保に、将来の返還を約束する国債を発行するんだ。要するに「絶対に返すからこの紙とお金を交換して」とお願いするわけ。

それで銀行が紙幣を発行して、国債の代わりに政府に渡しているんだとしたら、結局、政府がお金を発行しているのと変わらない気がしますけど。

正確に言うと、政府は民間から国債でお金を調達していて、日本では、中央銀行（日銀）が直接、国債を買うことは原則として禁止されている。ただ、安倍政権のもとでは「アベノミクス」という政策が行われていて、日銀は民間の金融機関などが持っている国債を買うことで、２０１８年までの６年ほど、民間で流通するお金を増やそうとしてきた。どうやったらお金が増えるのかは、あとでまた説明するけれど、結果として、流通する紙幣が増えれば、カナちゃんが今言ったようなことになる。**たしかに回りくどいけれど、政府と日銀が、こうやってそれぞれ別の立場でお金に関する政策を立てて運営していることで、インフレを防いだり、国の財政の規律を保ったりすることになっている。**たとえ形式化していても、組織が別で、意思決定権を持つリーダーが別人であることは大事だよ。個人の暴走で道を間違えることが少なくなる。

民間の銀行が紙幣を発行したからって、大量に印刷して儲けようとするのは同

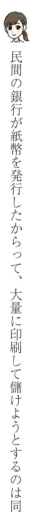

じだと思いますけど。

だから初期の紙幣は、手形と同じで「額面と同じ金貨と交換する」という約束付きで発行された。これならば、保有している金貨の金額以上にむやみに発行できないだろう。そればかりじゃなく、17世紀にイングランド銀行が発行した最初の紙幣には、利子までついていた。手形や債券とまったく同じ扱いだったんだ。だから、今でも紙幣のことを「銀行券」と言うんだよ。

そんなものが、紙幣として流通するんですか？

それは政府が紙幣としてのお墨付きを与えたからだね。フランスとの戦争の資金が必要になったイギリス政府は、国債をイングランド銀行に購入してもらう代わりに、その銀行券に紙幣としての「信用」を与えた。権力による裏付けがあったから、ヨーロッパでもただの紙がお金としての価値を持つようになったんだ。

やっぱり、政府と中央銀行は癒着しているじゃないですか。

癒着というより、協力かな。日本政府や日本銀行は民間企業じゃないから、自分たちの利益じゃなくて日本全体の利益を考えなければならないからね。

でも、金や銀が足りなくなって紙幣が発達したのに、紙幣に金との交換を義務づけていたら、結局、貨幣は足りないままじゃないですか？

いいところに気がついたね。実は、**紙幣がお金として流通するようになれば、銀行は紙幣の発行金額とまったく同じだけの金貨を保有しておく必要がなくなるんだ。**紙幣で買い物ができれば、わざわざ金貨との交換を望む人が少なくなるからね。私たちも、お札があれば金貨はいらないよね。それに、広く流通した紙幣が、交換のためにすべて銀行に持ち込まれることも考えにくい。だから当時は、金庫に保有している金貨の10倍程度の金額までは、紙幣を発行しても構わなかったみたいだよ。

んん？　どこかで聞いたような話ですね。

うん。現代の銀行も同じようなことをやっている。誰かが現金を預金してくれたときに、引き出しに備えて、持っておくお金を預金額の一定の割合だけ、中央銀行に預けなければならない。これを「準備預金」といって、その比率を「預金準備率」というんだ。もし、この預金準備率が１割だとすれば、残りの９割は別の人に貸し出してもいいとされている。実際には、預金準備率はこれよりはるかに低いのだけど、わかりやすく説明するために１割ということにしておこう。

ああ、なるほど。**昔の銀行における金貨と紙幣の関係は、現代の銀行における現金と預金総額の関係と同じ**なんですね。

面白いのはこの先だ。たとえば、Ａさんから１０００万円の現金の預金があったとき、銀行がそのうちの９００万円をＢさんに貸し出すとしよう。この瞬間、その銀行におけるＡさんの口座には１０００万円、Ｂさんの口座には９００万

円がデータとして記録されるね。実際に銀行が受け取った現金は1000万円しかないにもかかわらず、データ上はお金が1900万円に増えているんだ。

どういうことですか？

Aさんが口座の全額を引き出しに来れば銀行は1000万円を渡す。Bさんが全額引き出しに来れば銀行は900万円を渡す。しかし、**二人が同時に全額を引き出しに来ることはないだろうという予測のもとに、銀行はお金を増やしているんだね。これを「信用創造」という。**さらに、Bさんがその900万円を、当面は使わないからと預金口座に入れっぱなしにしていると、銀行はそのうちの800万円を、さらにCさんに貸し出す。こうなると、Bさんに900万円、Cさんに800万円で、合計1700万円を貸し出していることになる。最初に受け取った現金は1000万円しかないのに。

うわー、すごいですね。お金の貸し借りだけで、お金が増えちゃってる！

だから、実は**お金を増やしているのは日銀じゃなくて銀行**なんだ。銀行が「信用創造」をするから、預金という電子マネーがどんどん増えているとも言えるね。

ああ、だから銀行って人気の就職先なんですね。

んん？　ちょっと待って。**銀行はたしかに「信用創造」でお金を増やしているが、それは世の中に流通するお金の額を増やしているだけで、銀行自体の利益を増やしているわけじゃない**ぞ。銀行の利益は金利によってもたらされるから、貸し出しを増やせるのはいいことだけど、自分のお金を増やしているわけじゃない。

信用だけでお金が増える？

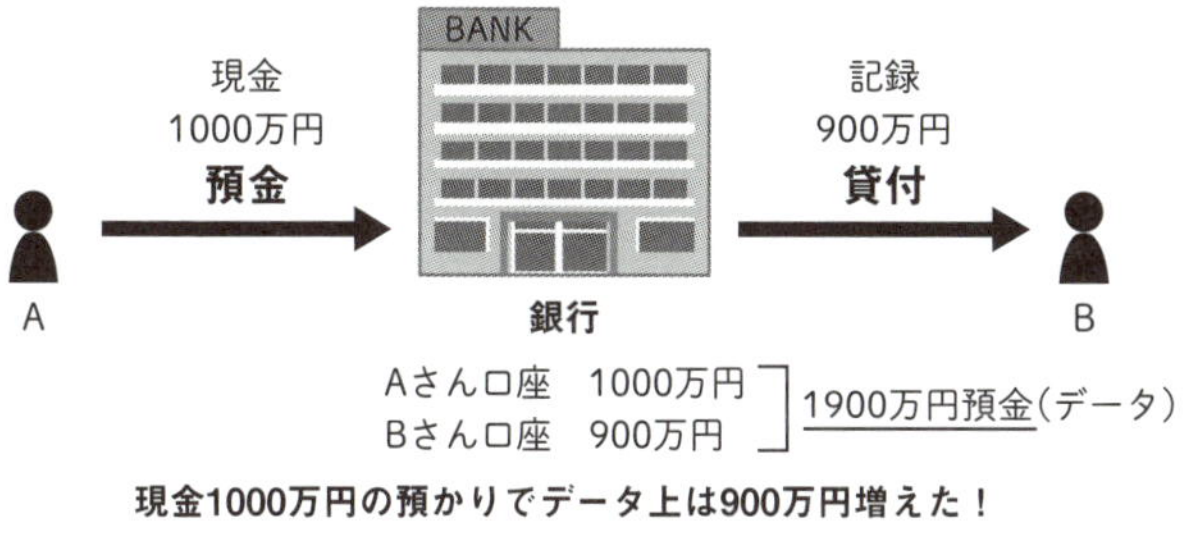

現金1000万円の預かりでデータ上は900万円増えた！

今の紙幣は裏付けのないフィクション

それにしても、どうして紙幣は金貨との交換をやめちゃったんですか？

今でも交換はできるよ。正確には、紙幣で金貨を買うという形になるけど。

銀行が提供していた、紙幣の額面での金貨との交換のことですよ。

さっき言ったように、世界経済の進展に合わせて、銀行が実際に保有している金の量以上の紙幣を発行してしまったからだ。経済が順調なうちは、みんなが銀行を「信用」していたからそれでもよかったが、不況になると紙幣を金に交換しておきたいと考える人が増えた。そうなると銀行の「ウソ」がばれてしまう。そこで各国の中央銀行は次々と、紙幣と金との交換をやめてしまった。

一方的にそんなことをしたら、みんなが文句を言うんじゃないですか？

もちろん、紙幣の価値は大きく下落した。つまり、モノの値段が上がってインフレになった。インフレが起きる前の19世紀の物価は、今とは桁違いに安い。たとえば、明治初年（１８６８年）に、純金１グラムは０・67円だった。それが昭和55年（１９８０年）には６４９５円になっている。１００年ちょっとの間に、金の価格は１万倍近くまで跳ね上がったんだ。裏を返せば、金に対する紙幣の価値が１万分の１に減少した。２０１９年現在の純金１グラムの価格は５０００円だから、１９８０年とあまり変わらない。ここ40年近くインフレが起きていない証拠だ。今はむしろデフレになっていることが問題なんだけど、通貨の価値を守るということで言えば、日銀は頑張っている。

つまり、金との交換をやめたことで過去にはインフレがあったけど、今は、何とも交換されない紙幣のシステムが普通になったから、物価も安定しているということですね。

それだけ世界は、実物の裏付けのないお金に慣れてしまったんだね。だから、

戦後のインフレを経験した年配の方なんかは、お金の価値の安定を信じられず、資産を土地やアパートなどの不動産として保有する傾向が強いね。お金はいくらでも無限に増やせるけど、宇宙開発でもしない限り土地は有限で、価格が大きく下落することはないと思われているからね。

お金は裏付けのないフィクションですか……。

お金だけじゃない。言語だって、なんの裏付けもないフィクションだ。たとえば、馬がウ・マ（U・MA）という二つの音節で表現されなければならない理由はどこにもない。英語なら horse（ホース）だし、フランス語なら cheval（シュヴァル）で、お互いの音にはなんの関係もない。ただ昔から使われてきただけで通用するという意味では、言語とお金はよく似ているね。

でも、言語やお金くらいの歴史があって、みんなが信じていれば、それはもう実物と同じようなものじゃないですか。

そう思う人がいるのは否定しないよ。でも、**これだけ変化の速い現代社会で、過去にあったものが未来永劫《えいごう》続くと信じることはできない**。リーマンブラザーズだって山一證券だって、あれだけの金融機関がなくなるとは誰も思っていなかった。

法定通貨は政府がバックにいるんだから、さすがに大丈夫でしょう？

たしかに、**法定通貨の価値を信じるというのは、結局、政府と政治の力を信じることと同じ**だね。ところで、今の政府は本当にそんなに「信用」されているかな？　マスコミの報道を見ていると、とてもそうは思えない。政府を「信用」するとは、政府の徴税権とか、政府の政策が適切に運営されているとかを信じることだけど、それに文句を言いたい人はたくさんいる。しょせん人間の作る政府や政治は完璧でも万能でもないと考える人は、原理的に法定通貨の安定も「信用」することができない。そういう無政府主義者がビットコインを過剰に持ち上げた面もあるね。

仮想通貨だって、結局はフィクションでしょう？

仮想通貨について言えば、その価値を決めているのはテクノロジーだ。人間が恣意的に発行金額の上限を増やすことができないとか、人間の欲望を計算に入れて監視システムを作っているとか、そういったテクノロジーで決められたシステムのほうが、人間の行う政治や政府より信用できるという人もいる。人間が恣意的に作った制度は、過ちがあっても権力で強制されているから正すことができない。だけど、テクノロジーは、スマホでもＳＮＳでも医療でも、多くの人に受け入れられたものだけが生き残っているという意味で、とてもフェアだ。**誰も強制しないのに使われ続けるテクノロジーこそ、真に社会を変革するものだと信じるテクノロジストも少なくない**んだ。

うーん、どんなテクノロジーだって、結局それを使うのは人間だから、人間であるがゆえに犯す過ちからは逃れられないんじゃないですか？

これまではたしかにそうだった。だけど近年のＡＩ（人工知能）の進歩は、人

間がテクノロジーを支配するという幻想を揺るがし始めている。囲碁や将棋で、ＡＩが人間のトッププロを打ち負かしたのを知っているだろう。これまでのコンピュータは、人間の作ったプログラム通りにしか動けなかったが、ディープラーニングによってコンピュータ自身が勝手に進歩できることもわかってきた。**将来的には、ＡＩが価値を管理する仮想通貨が、法定通貨以上の「信用」を得ることだって考えられる。**

ＳＦアニメみたいな世界ですね。

スマホやタブレットだって、１９６０年代にはＳＦ映画にしか出てこない道具だったんだよ。想像した未来のうちの何割かは間違いなく現実になる。

じゃあ、私も長生きすればドラえもんに出会えますかね？

ドラえもんの誕生は２１２５年だから、かなり長生きしないとね。

4時間目のおさらい

- お金は価値を媒介するメディア
- お金の三つの機能は価値の「保存」「交換」「尺度」
- お金は信用されないと機能しない
- 信用さえあれば、お金の形はなんでもいい
- 銀行の信用でお金は増える
- 今の紙幣は「みんなが信用している」だけの紙

5 時間目

「みらいのお金」で
誰でも作れる
「小さな経済」

カナちゃん、マツダ先生の話はどうだった？　お金ってなんなのかわかったのなら、教えてよ。

お金って結局、約束したことの証拠みたいなものなんだって思った。

お金はお金、1万円は1万円じゃないの？

つまり、私がトシくんに1万円を払うってことは、「それで1万円の値がついた何かと交換できるよ」という約束みたいなことなのよ。その証拠が一万円札。

なんだかややこしいなあ。

とにかく、目に見える現金なんて、その約束を書いた形の一つというだけで、約束さえ信用してもらえれば電子データでもなんでもいいんだって。

へえー。だから仮想通貨もアリ、なんだね。

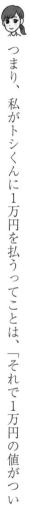

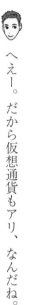

そうなの。お金に決まった形なんて必要ないし、約束を信じてもらえる人だったら、誰がお金を作ってもいいの。

カナちゃんでも？

信用があればね。私も仮想通貨を作ってみたいから、今度はそこをもっと先生に教えてもらうんだ。

「家庭内通貨」で新たな経済が動きだす

先生こんにちは！　また「みらいのお金」のことを教えてもらいに来ました！

ようこそ。勉強熱心だね。で、今回は何が知りたいのかな？

前に、私が「カナコイン」という仮想通貨を作ることはできるけど、価値がないから使えないって言われましたよね？　ここまでお話を聞いてきて、価値がないということの意味がよくわかりました。使えるお店がないってことは、私の信用が足りないってことなんですよね。

本質的にはそういうこと。よく理解してくれているね。

だけど、そうすると話がそこで終わっちゃうんです。私が自由と多様性の「みらいのお金」をうまく使う方法って、何かないんですか？

実際に通貨を発行して、一般の私たちに何ができるかってことだね。それは自由に考えてと言いたいところだけど、一緒にイメージを考えてみようか。

お願いします！

カナコインをたくさんの人に使ってもらうには、何度も言うように通貨そのものの信用と、カナちゃん自身の信用が必要だ。**通貨そのものはブロックチェーンの技術があるから、偽造や不正のないものとして信用が担保される**よね。問題はカナちゃんの信用だ。

そうなんです。

たしかに、個人が大勢の人の信用を得るのは大変だ。今はSNSで個人が情報発信できるから、それで有名になって信用を高められる人も増えてきたけど、ほとんどの人は無理だと思うだろう。だったら、**まずは自分をすでに信用してくれている人たちに使ってもらえばいい**。誰がいるかな?

友達も信用してくれているとは思うけど、やっぱり家族ですかね。

じゃあ、「家庭内通貨」をカナコインで作ろうよ。

それ、いいですね！　私がカナコインを発行して、とりあえずお父さんとお母さんに配ればいいんですよね。でも、何に使えるんだろう？

それはカナちゃんが考えればなんでもいいんだよ。

じゃあ1カナコインを払ってくれれば、私が5分間肩たたきするとか？

いいね。それならお父さんもお母さんも、カナコインを受け取ってくれるね。

でもこれじゃあ「肩たたき券」と同じで、なんかつまんないなあ。

原理は同じだからね。だけど仮想通貨は紙よりもたくさん作れるし、世界中の人に渡すことができる。その可能性があれば、カナコインがどう発展するかはわからないぞ。たとえばカナちゃんは、5分間の肩たたき以外にも、買い物や洗い物、炊事洗濯なんかも提供することができるよね。

家族が納得して払ってくれるなら、いろんなことができるのか。私が描いた絵や、撮った写真をカナコインと交換してもいいんですね。

そうだよ。つまり**円では価値がつけられなかったものに、価値をつけることができる**んだ。家庭内のお手伝いで1000円とかのお金を払うのは、教育上ちょっとよくないと思う親がいるかもしれないよね。本当はそんな価値はないんだから、楽なお小遣い稼ぎになってしまう。だけどカナコインみたいな新しい通貨なら、それほど重たくない。

なるほど！　お金の価値の尺度という機能ですね！

さて、こうして**カナコインが家庭内で流通し始めると、カナコインはいろんな価値を交換するメディアになる**。たとえば、今度はお父さんが、2カナコインで宿題を手伝うよと提案してくるかもしれない。そうするとカナちゃんもカナコインを支払う側になるね。

本当にお金みたいになってきた。

それだけじゃないよ。そのうちお母さんがお父さんにカナコインを払って、犬の散歩に行ってもらったりするかもしれない。

それはカナコインをどれくらい払うんだろう？

カナコインの相場は、5分間の肩たたきで1カナコインだったね。5分間の肩たたきよりは犬の散歩のほうが時間も手間もかかるから、3カナコインくらい欲しいとお父さんは言うかもね。

なんとなく、カナコインの価値がどのくらいなのか、わかってきますね。

カナコインを媒介にして、家庭内のいろんな仕事に価値がつけられていくのがよくわかるよね。こうして価値基準ができてくると、カナちゃん以外の家族も、次々とカナコインを稼ぐサービスを考えるようになる。カナコインの普及だ。

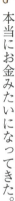

面白いですね。

こうやってカナちゃんの家では、カナコインという通貨と、それによって交換されるサービスが回るようになる。すなわち、カナコインの経済ができあがるわけだ。すごく単純な例だけど、なんとなく、通貨を発行するイメージがつかめたかい？

はい！　家庭内通貨、いいですね。ママゴトっていうほど軽いわけでもないし、商売とか経済の勉強にもなりそう。

家庭内通貨を流通させる

価値がなかったものに新しい価値が生まれる

さて、カナちゃんも家庭内だったら、新しい通貨を使って、経済を回すことができるわけだ。なぜ家庭内ならできるのか、もうわかるよね。

家族は私を信用してくれるからですよね。

そう。カナちゃんが言うのだから、カナコインは肩たたきと交換してもらえると家族みんなが信じているからだ。それに、家族は実際に近くにいるし、肩たたきくらいなら、いつでもやってもらえるという信憑性《しんぴょうせい》があるよね。

他人だとそうはいかないし、友達でも滅多に会わない人とかだと、現実的じゃないですもんね。それじゃカナコインは使われないと思います。お金は信用ってことがわかりました。

実際に仮想通貨を発行している企業なども、似たようなことをやっているんだよ。「こんな事業をやります」とただ言っても信じてもらえない。**実現できる事業だと説明しないといけないし、世の中のためになることだと説得する必要もある。そして自分はウソをつかないと信じてもらわないといけない。**

スケールは全然違いますけど、簡単に言うと家庭内通貨と同じことなんですね。

付け加えると、やはり電子データであることが仮想通貨の大きなメリットだ。仮想通貨を手軽に発行できるサイトを使えば、紙幣や硬貨を自前で用意する必要がない。しかもスマホを持っていれば支払いも簡単。おまけに仮想通貨は紛失する危険がない。**肩たたき券のような紙だと、なくしちゃったりするし、どうしても扱いが雑になる。**偽物も簡単に作れる。そうすると通貨としての信用がなくなって、機能しなくなる。

たしかに、お金として真剣に向き合うことはないかもしれませんね。

お遊びのような感じがするかもしれないけれど、カナコインはちゃんとした決済の手段だからね。受け入れてくれるお店さえあれば、買い物にだって使えるわけだ。

他の通貨に両替することもできるんですよね？

もちろん。でも**家庭内でしか通用しない状態だから、対円レートなどはゼロに等しい**だろう。要するに、カナコイン経済は円経済と比べると非常に小さな経済圏ということだね。

それはそうですよね。私の肩たたきなんて、他人からしたら100円の価値もないですよ。

円を基準に考えると、そうなってしまう。前に話した「円のルール」に従わないといけなくなるんだ。カナちゃんの肩たたきも絵も写真も、途端に価値を失ってしまう。そこには自由も多様性もない。

そうか……。でも、どうしても考えちゃいますよ。だってカナコインをいくら稼いでも、家族にしか使えないんですから。欲しいものも買えません。

それは仕方がないんだけど、結局、**法定通貨の中で暮らせればいいのだったら、仮想通貨なんて必要ない**わけだよね。肩たたきで円がもらえればいいんだから。

でもカナちゃんが言うように、肩たたきで円を稼ぐのはとても大変だ。商品価値のあるサービスとして、質を高めたり、差別化を図ったりしないといけない。

もしかしたら店舗や設備が必要で、資本がないとできないかもしれない。

普通に起業するのと同じですね。

そして**市場での競争を勝ち抜くために必死で働いて、儲かったら税金を納める。**

これが円の世界、つまり中央集権型の法定通貨の世界だ。そうじゃなくて、「カナちゃんに肩たたきしてもらえるなんてうれしいな」という価値観の人たちで成り立つのがカナコインの経済だ。

カナコインのような、独自の価値観の経済がたくさんできるのが「みらいのお金」の世界なんですね。

すべてカナコインのような考え方の延長線上にあると思っていい。価値観を共有できる範囲が、町内だったら？　市内だったら？　県内だったら？

町まで広がったら、仮想通貨だけでいろんなサービスが受けられるかもしれないですね。

あるいは、**町や市のような物理的な範囲に縛られる必要もない。たとえばだけど、世界中のマンガ好きの間で流通する仮想通貨があってもいい。**それが信用できるものならね。

仮想通貨で働き方改革

家庭に限らず、すでに信用がある範囲だったら、仮想通貨を使うことはできる。たとえば、「社内通貨」とか「学校内通貨」などが考えられるね。

社内通貨って、まさか給料を仮想通貨で払うんですか？

そうじゃなくて、社内だけで使えるポイントのようなものだよ。実際に社内通貨を運用して、生産性をアップさせたりしている企業はいくつもある。

どんなふうに使うんですか？

わかりやすいのは、福利厚生のようなインセンティブかな。最近、残業禁止の企業が増えているだろう？

働き方改革ってやつですね。友達も、残業は禁止されているけど時間が足りなくて仕事が終わらないって愚痴ってました。

そうだよね。残業ができない分、効率よく終わらせたいところだけど、効率的に仕事をしたからといって給料が増えるわけじゃない。そういう問題を抱えた職場は多くある。

残業手当は働いた分だけもらえるのに、何か損している気がしますね。

生産性を高めようというのは正しいことなんだけど、ご褒美がないとモチベーションが上がらないというのも、まあ理解できる話だ。そこで、**給与とは別の形のインセンティブとして、社内通貨を活用する企業がある**んだ。

頑張ったら仮想通貨をもらえるってことですか？　それなら現金で欲しいという人がいそうですけど。

企業からすると現金を出すのは難しい。利益が出たなら、そこから払うこともできるだろうけど、社内の効率化の取り組みなどを一つひとつ評価して、現金のインセンティブに換算するのは手間もコストもかかる。何度も言うけど、円を動かすのは大変ってことだね。

先生の言う、円の経済では自由がきかないってやつですね。

ところが仮想通貨ならば、原資がいらないから自由に使える。それで社員がいきいきと働けるなら、そんなにいいことはない。しかも業績が上がれば、給料や賞与も増えるわけだしね。

やる気になるって大事ですよね。でも、どうすれば仮想通貨でやる気を引き出せるんだろう。

社内通貨は、社内限定のポイントサービスのようなものなんだけど、使い道は企業がいろいろと工夫していて面白いよ。

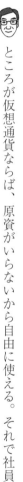

たとえばどんな使い道があるんですか？

2011年という早い段階から社内通貨を導入している半導体メーカーのディスコでは、**社内の作業をオークションにかけて、やりたい作業を社内通貨で競り落とす**仕組みを作った。あとは、**社内の業務改革プランのプレゼン対決をやって、社員がよいと思うほうに社内通貨を賭ける**とか。

へぇー！　面白いですね！

楽しめるという要素は大事だと思う。それに、**社内通貨で作業に値付けがされることも重要**だね。

そうか、どの作業にどれくらいの価値があるのかわかるんですね。

察しがいいね。通常、資料作成やプレゼンといった作業は、細かく把握して現

金を払うことがほぼ不可能だ。でも社内通貨で数値化できると、誰がどのくらいの仕事をしているのか見えるようになる。

価値のつけられなかったものに価値が生まれるわけですね。

その通り。反対に、残業した場合は、残業した社員が社内通貨を支払うというペナルティとしての使い方もあるんだ。

なるほど。それを現金でやったら、とんでもない問題になりますね。

他の企業だと、カブドットコム証券が導入した「ＯＯＩＲＩ（オオイリ）」という社内通貨は有名だ。こちらは**ブロックチェーンの技術を使っていて、地域で実際に買い物などに使えるようにするプランもある**。

それなら地域で買い物する人も増えて、周りのお店もうれしいですね。社員も社内通貨が使えるところに住みたくなるかもしれないです。

考えれば考えるほど、いろんな可能性がある。厳密に言うとすべてが「暗号通貨」なわけではないんだけど、独自の通貨を作れば、現金ではできなかったことが実現できるんだ。実際に地域内通貨を流通させている地域もあるよ。

なんだか私も、自分の周りで使えることがないか、考えたくなりました！

信用があれば世界中から資金を集められる

ところでカナちゃん、ＩＣＯという言葉は聞いたことがあるかな。これも仮想通貨の使い道の一つで、２０１８年からよく聞くようになったんだけど。

なんですか、それ？　私は初めて聞きました。

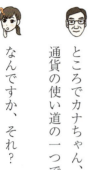

ＩＣＯは Initial Coin Offering（新規コイン公開）の略称だ。これは仮想通貨の仕組みを使って、新しいビジネスの資金を集める方法なんだ。新規事業の立ち上げにはたくさんの資金が必要になることが多いけれど、仮想通貨の仕組みを使うと出資を募りやすいということで、利用する企業が増えているんだ。

カナコインよりはスケールの大きな話ですね。でも、仮想通貨で資金を集めるってどういうことですか？

順番に説明しよう。**そもそもＩＣＯは「ＩＰＯの仮想通貨版」と言える。**ＩＰＯは Initial Public Offering（新規株式公開）の略称で、株を市場に公開して買ってもらうこと。株を売った分だけ資金が集まるわけだね。「会社が上場する」とかって聞いたことがあるかもしれないけど、それのことなんだ。

東証一部上場とか、ジャスダック上場とか、そういうやつですね。それで、その株式の上場と仮想通貨とはどういう関係があるんですか？

仮想通貨を利用して株と似たようなことができるという話なんだけど、まずは株式公開についてざっと理解してもらったほうがいいと思う。

たしかに株についても、よくわかっていません。

株は、会社を所有する権利を細かく分けたものなんだ。仮にカナちゃんが100万円を貯めて一人で株式会社を作ったとしたら、会社の所有権はカナちゃんだけのものだ。つまり、株は100％カナちゃんが持っているってこと。

もっと**たくさんのお金が必要なときに、会社の所有権と引き換えにしてお金を出してもらう**わけですか？

その通り。会社を作るのに200万円が必要になって、カナちゃんの貯めた100万円ではお金が足りなくて、私に100万円の出資をお願いしたとする。この場合、会社の所有権はカナちゃんと私の二人で分け合う。ちょうど100万円ずつお金を出しているわけだから、所有権も半分ずつ、つまりカナちゃん

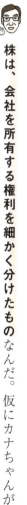

50％、私も50％だね。

なるほど。それでもまだ足りなかったら、どんどん所有権を分けて、たくさんの人からお金を集めるんだ。

そういうことだね。だけど、たくさんの人からお金を集めるといっても、知り合いにお願いするには限界があるよね。カナちゃんの会社にお金を出してくれそうな人だって、そんなに大勢いないだろう？

そりゃそうですよ。お金持ちの知り合いもいないし。

そこで「市場に株を公開する」、つまり「上場する」必要が出てくるわけだ。

なんでそうすると、たくさんの人にお金を出してもらえるんですか？

上場するってことは、みんなに株を公開して、誰でも株を売買できる状態にす

るということだ。市場に会社が公開されるわけだから、市場を見ている投資家に見つけてもらえるよね。

なるほど。じゃあ上場していない状態だと、その会社の株をみんなが買うことはできないんですね。

カナちゃんの会社が上場していなかったら、まず、ほとんどの人がその存在に気がつかないだろう。それに、上場されている株は証券会社を通じて誰でも自由に売買できるけど、未上場の会社の株はそういうこともできない。会社の所有者であるカナちゃんに個別に相談して、所有権を譲ってもらう必要があるからね。だから限られた人しか買えない。それに会社の規模が小さければそんなに多額の資金は必要ないので、そもそもみんなに買ってもらう必要がないとも言える。

目標や夢にお金が集まる

とにかくここで押さえてもらいたいのは、企業がお金をたくさん集めたいときに、市場に株を公開するのがＩＰＯだということ。その仮想通貨版がＩＣＯだということは？

お金をたくさん集めるために、仮想通貨を公開する？

だいたい正解。ＩＣＯの仕組みを簡単に説明しよう。**ＩＣＯでは、企業や個人が、株式ではなく「トークン」という独自のデジタルコインを発行して出資者に渡す**。出資をする投資家は、そのトークンを仮想通貨で買う。そうして集めた仮想通貨を、円や米ドルに換金して事業資金にするわけだ。もちろん仮想通貨のままで使ってもいいんだけど。

トークン？　初めて聞きました。

あえてトークンという言葉を使ったのだけど、ここでは仮想通貨の一種と考えてもらっていいかな。**トークンというのは引換券のような意味で、正確にはビットコインとかイーサリアムのような仮想通貨とは少し違う**のだけど、難しくなってしまうから「仮想通貨みたいなもの」くらいに思っておいて。

わかりました！　で、そのトークンは株と違って会社の所有権を分けなくていいからメリットがあるってことですか？

それがＩＣＯのメリットの一つだね。多くの人に企業の所有権を分け与えてしまうと、意見がまとまりにくくなることがあるからね。経営者がやりたいことに、株主が反対することもある。

ＩＣＯだとそうならない？

ならないよ。トークンを持っていても、会社の所有権はない。しかもＩＣＯのよさはそれだけじゃないよ。**株式の上場よりも簡単にできる**。

簡単……。そもそも株式上場をどんなふうにやるのかわからないですけど。

ざっくりと説明するね。株式を上場させるには、証券会社のとっても厳しい審査をクリアしないといけないんだ。細かい審査基準は省くけども、要するに「きちんと経営されている会社」だということが証明されていないといけない。

どうしてなんでしょうか。

お金を出して株を買う人たちが損をしないように、だね。せっかくお金を出したのに、会社が潰れてしまったらパーだから。潰れた会社の株には価値がない。

それは怖いですね。

だから、**企業がＩＰＯまで辿りつくには、起業してから何年もの月日が必要**だ。

その会社には本当に投資に値するだけの将来性があるのか、会社が発表している業績にウソがないかをチェックするのに時間がかかる。「この会社はこれだけの業績があって、今後も成長を続けますよ」という証券業界のお墨付きをもらわねばならないんだ。

ＩＣＯだったら、そういう審査が必要ないんですね。

そういうことだ。**ＩＣＯは、ウェブサイトやＳＮＳを使って、投資家にお知らせすればできてしまう**。もちろん、トークンを用意して、ＩＣＯの目的を説明しないといけないけど。

どんなやり方でもいいんですか？

一般的には、やろうとしている事業の内容とかをまとめた「ホワイトペーパー」というものを公開するケースが多いね。これも義務ではないんだけど、何も説明しないままではお金なんて集まらないから、なんらかの手段で投資家

にアピールする必要はあるよ。

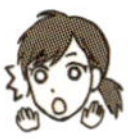

それでお金が集められるなら、断然お得じゃないですか。

そうだね。しかも、**ＩＰＯの場合は企業の業績などの「結果」がないと審査をクリアできないけれども、ＩＣＯは事業の「構想」の段階でも実施できる。**おまけに仮想通貨なら、世界中の投資家から出資を募るのも簡単だ。いち早く新ビジネスを仕掛けたいベンチャー企業などにとっては、スピーディに資金を集められ

ICOは構想段階でもOK

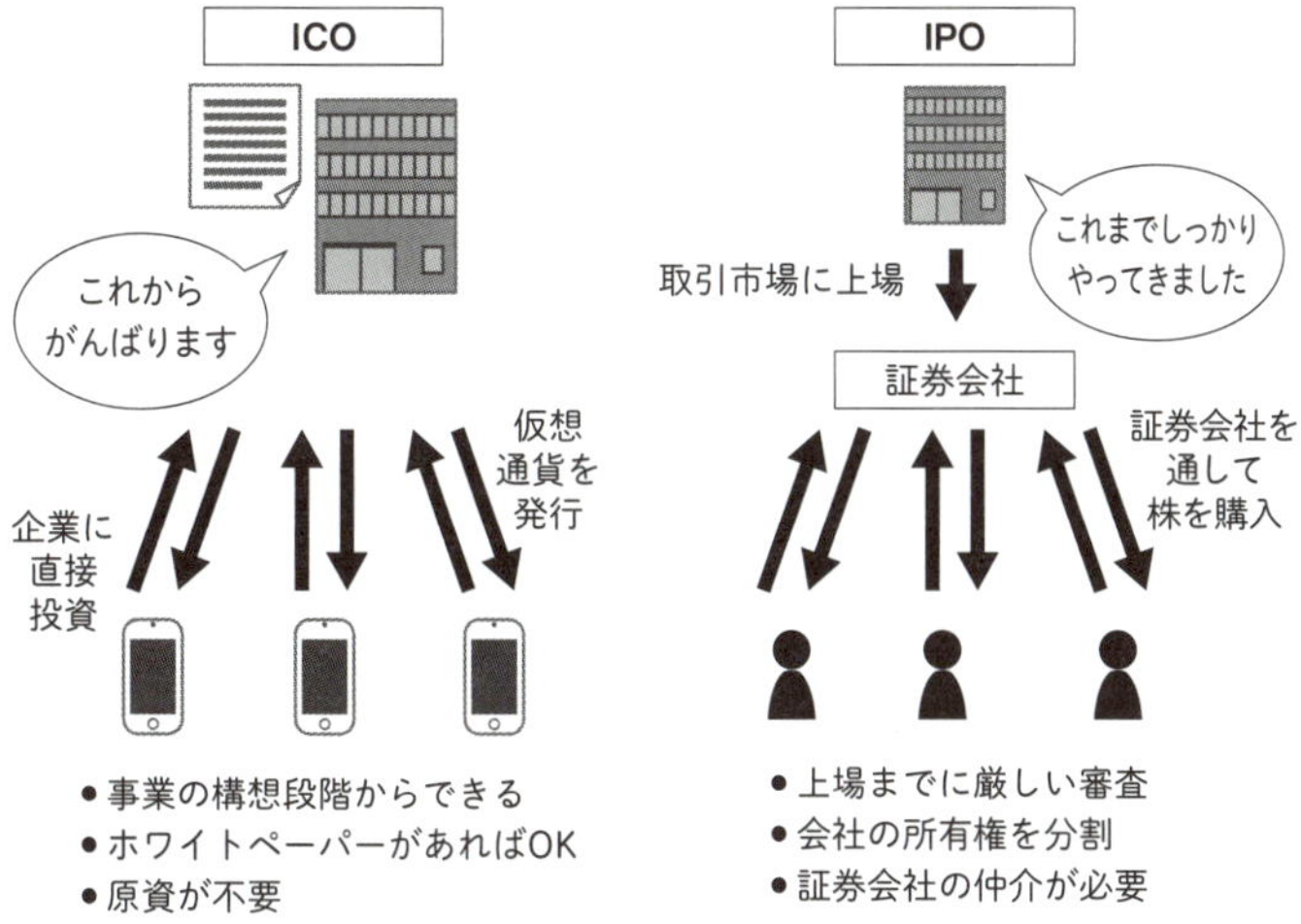

るメリットは大きいだろうね。

そんなにいいことばかりなら、ＩＰＯよりも人気になっちゃいますね。

未来の大企業が仮想通貨で育つ

でも、ＩＰＯでは投資家が損をしないように、厳しい審査があるんですよね。それがないってことは、ＩＣＯだと損をするかもしれないわけですか？　投資家にとっては危険なんじゃないですか？

いい質問だね。たしかに**投資家にとってはＩＣＯのほうがリスクは高いと言わざるをえない**。ただその前に、ＩＰＯだって絶対に損しないわけじゃないからね。上場した会社でも経営がうまくいく保証はないんだから。

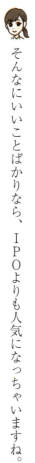

それでも、ちゃんと審査された会社にお金を出すほうが安心だなあ。

もちろん、そういう人は株式投資を選択するだろう。でも投資の世界は、大きなリターンを得ようと思うなら、ある程度のリスクも背負わないといけない。ＩＰＯのリターンの低さに嫌気がさしていて、多少はハイリスクでも、できたばかりの企業に投資したいというニーズはすごくあるんだ。実際、**海外ではＩＣＯで巨額の資金を調達した会社がいくつか出現していて、大変な話題になっている**。さっき言ったように、ＩＣＯは事業構想の段階からできるわけだから、その中に第二のグーグルやアップルのような会社があるかもしれない。

大企業のたまご、みたいなものですね。

そうだね。**現代のビジネスはとてもスピードが速いから、できて間もない企業が数年で信じられないほど成長する可能性がある**。

ところでちょっと疑問なんですけど、ＩＣＯで投資した人は、どうやってリ

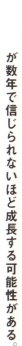

ターンを得るんですか？　株は、買った株が値上がりしたら儲かるってなんとなく知っているんですけど。トークンっていうのをもらってうれしいんですか？

事業が大成功して、そのトークンの価値が上がれば投資家は利益を得る。ＩＣＯでは割安でトークンが販売されることも多いから、爆発的に価値が上昇する可能性もあるだろうね。あとはトークンをそのまま利用するなり、円に換金するなり、投資家の自由だ。

そのへんは株とそんなに変わらないですね。成長しそうな事業にお金を出して、事業が成功したら投資家も儲かるってことですもんね。

そうだね。ただ、トークンは株と違って、発行者が機能をいろいろと設計できる。だから、**トークンの使い道や譲渡に制限がかけられていることもあるので、投資家は注意しなければならない**。

じゃあ持っていても意味のないトークンもあるかもしれないんですか？　そん

なの買う人いるのかな。

それは投資家の自由だから、それぞれが決めることだ。**純粋に、事業の構想が素晴らしいと共感して出資する人もたくさんいる**よ。

そうか。ＩＣＯをするほうも、ちゃんと投資家に認めてもらわないといけないから、いくら簡単にできるといっても適当にはできないですね。

その通りだ。ＩＣＯのほうが簡単と言ったけれど、実行のハードルが低いというだけで、投資家の支持を得て事業を成功させることは簡単ではないよ。だから、**ＩＣＯには詐欺のような案件も多いのは事実**だ。

詐欺ですか⁉　怖い！

資金を集めるだけ集めて、ドロンと消えてしまったりね。お金の持ち逃げだ。その他にも、悪意はないにせよ、お金を集めたのにまったく事業が進展しない

とか。これは自由であるがゆえの、克服すべき課題だね。だから**最近はＳＴＯといって、株式を電子化してコインにした「トークン」の形で資金を調達する方法が普及し始めている。**株式のような規制の枠内で発行したコインで出資を募るんだ。これなら投資家も安心して買うことができる。

それじゃあ今の段階だと、ＩＣＯもよいものとは言えないってことですか？

そんなことはない。**今までは株式市場のルールの中でしか評価されなかった企業や事業が、評価されてチャレンジできる場ができたことが重要**なんだ。それに誰でもコインを発行できるのだから、将来、きみが起業してＩＣＯをする側に回る可能性もある。会社を設立しなくても、個人でなんらかの活動をするのであれば、ＩＣＯで資金を集めることができるんだ。言ったろう？「みらいのお金」は自由と多様性のお金なのさ。

そうでした！　仮想通貨が社会に普及して、誰でも自分でお金を発行できるようになると、力のない個人でもチャンスをつかめるようになるんですね。

そうならなきゃいけないと思うよ。もちろん誰でも成功できるわけじゃないが、個人や若者にも成功のきっかけを与えないと社会が明るくならない。**昔であれば資本を集めて人を集めなければできなかったようなことが、ＩＴやブロックチェーンなどの技術の力で個人でもできるようになりつつあるのは喜ばしいことだね。**

私にも何かできますかね？

本を書きたいと思ったことはないか？　映画を撮りたいと思ったことは？　あるいは生活の中でのちょっとしたアイデアをみんなに試してもらいたいと思ったことは？　それをするためには時間とコストが必要だけど、お金がないために諦めていることはないかな？　仕事をしている人はみんな、誰かのために役に立つ何かを作っているのだから、世の中に提供できるサービスはいくらでもあるはずだ。それを個人でも可能にしてくれるのが、みらいのお金＝暗号通貨なんだ。

「クラウドファンディング」じゃダメ？

そういえば先生、個人が何かの資金を集めるっていうと、「クラウドファンディング」というのを聞いたことがあります。あれもＳＮＳとかでお知らせして、お金を集めていたと思うんですけど、それじゃダメなんですか？

よく知っているね。たしかにクラウドファンディングも、不特定多数から資金を調達する手段の一つだ。ＩＣＯともよく似ている。

そうですよね？　私のイメージだと、クラウドファンディングは、とにかくお金を出して応援してもらえないかと呼びかけている感じで、それだけでお金が集まるならＩＣＯよりよっぽど楽だと思うんですけど。

十分な資金が集まるのだったら、それでいいだろうね。ただ、**クラウドファンディングの場合は、基本的には出資者のメリットが少ない**。一般的にクラウド

ファンディングでは、出資してくれた人に物やサービスを直接提供するんだ。たとえば、歌手マツダが「ＣＤを出したいから資金が欲しい」と呼びかけたとしよう。そして「ＣＤ化が実現できたら出資者にはＣＤを差し上げます」という条件をつける。

うーん、知り合いじゃなかったら、私はお金を出さないですね。

この条件でお金を出すのは、私の歌が素晴らしいと思ってくれている人だけだろう。**夢を共有できた人に応援してもらうのは素敵なことだけど、幅広く資金を募るにはアピールが弱い。**

興味のない人はＣＤなんてもらっても仕方ないですもんね。

そうだろう？　その点、ＩＣＯの場合はトークンがもらえるわけで、値上がりしたら莫大なリターンを得られる可能性がある。それに、そのトークン自体が一定の範囲であっても、仮想通貨として支払いの手段に使える場合もある。マ

ツダのＣＤに興味がなくても、純粋にリターンが得られそうなら出資する人はいるだろう。その分、クラウドファンディングよりも広く投資家を集めやすいと言えるね。

頑張っている人が報われる社会

仮想通貨を作れるようになると、いろんな仕事や生き方にチャレンジできるんですね。

私が想定しているのは、頑張っている人がきちんと報われる社会だよ。たとえば今、ボランティアというのは無償で行うのが当たり前だとされている。本来、ボランティアは「自発的に参加」という意味で、有償とか無償とかは関係ないのだけど、日本では「無償で参加」の意味になっているね。実際、ボランティアを募集するような現場は、資金が潤沢でないことが多く、十分な報酬を用意

できない。でも、**仮想通貨のコインを発行できるようになったら、ボランティアをしてくれた人に報いることができるようになる**。

それは素敵な話ですね。ボランティアの方は善意でやってくれていると思いますけど、報酬を出せるならそうしたいですよね。

たとえば、介護現場は人手不足だと言われている。その理由の一つは、介護資格を持つプロが、介護現場で買い物や炊事などに追われていることだと聞いたことがある。

資格がなくてもできる仕事が忙しくて、資格が必要な仕事に手が回らないってことですか？　本末転倒な感じですね。

もちろん、介護が必要な人は家事にも困難を抱えているから、やらないわけにはいかない。だけど、資格がいらない仕事をボランティアでまかなえるようになれば、介護のプロはその人にしかできない仕事にもっと時間を割けるかもし

れない。そうなると、介護資格を持つプロが一日で回れる訪問介護の件数も大幅に増えるんじゃないか。特に日本の場合、これから国の財政負担がいちばん増えるのが介護費だと言われている。介護がより効率的・効果的に行われるようになることが、とても重要だと思う。

でも、無償のボランティアだと人が集まらなさそうです。

だからこそ仮想通貨だ。**働いた時間などに応じてボランティアの方にポイントを発行する。そうしてボランティアの人にもちゃんと報いる。給料を払うこととは少し違うけれど、ポイントが貯まることはボランティアの人たちの励みにもなると思う。**

でも、そのポイントって何に使えるんですか？　換金できないのなら、あまり意味がないような気もしますけど。

そこが重要だよね。**ポイントはどこか信頼できるところがきちんと管理する。**

そして、ポイントを貯めたボランティアの方が将来、50年くらい経って、今度は自分が介護を受けるときに、ボランティアで介護を手伝ってくれた人に、そのポイントを渡す。これは一種の労働債権のようなもので、私は「ボンド・ボンド」構想と呼んでいる。英語でボンドには絆《きずな》という意味と、債権あるいは債券という意味もあるんだ。債権だから、このポイントには価値が生まれていることがわかるかな。その価値を背景に仮想通貨を発行することが考えられると思う。ポイントを貯めた人たちが希望すれば、この仮想通貨を受

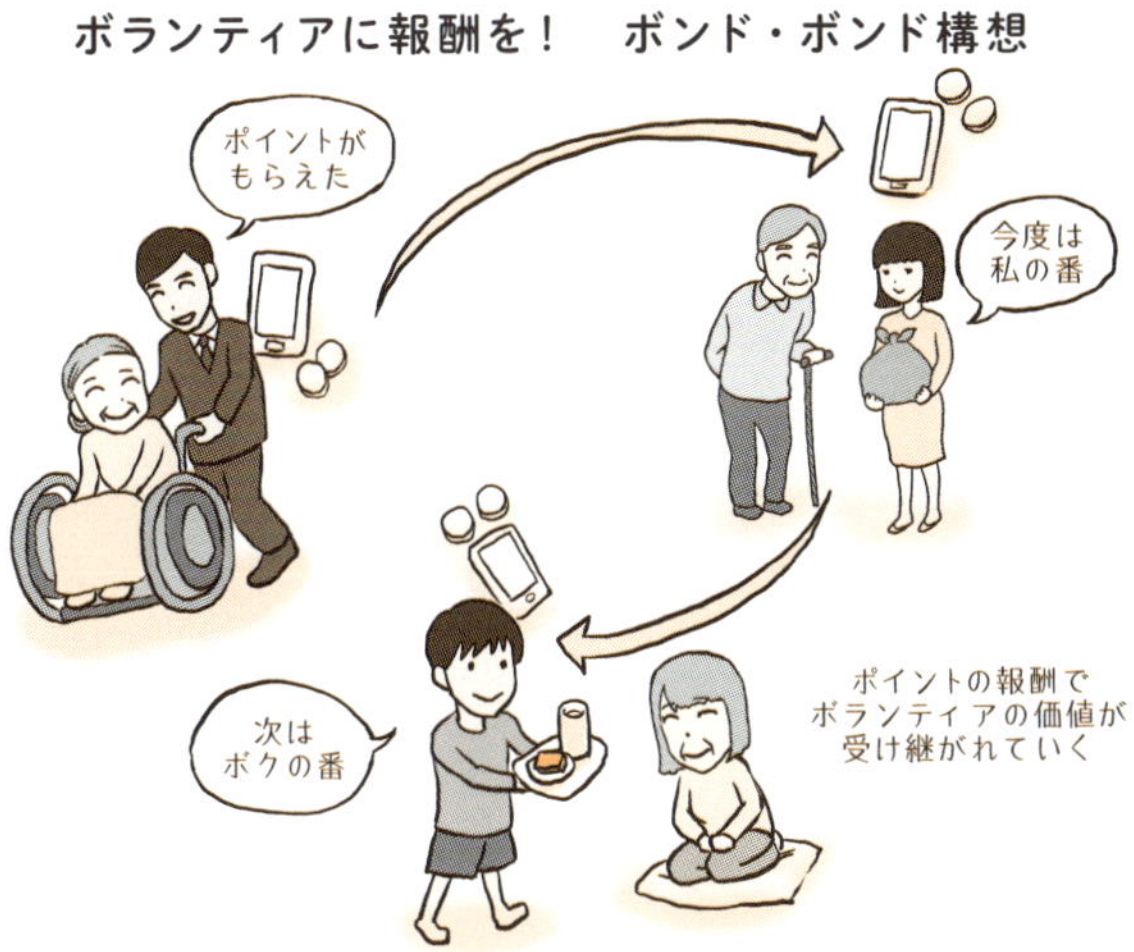

ボランティアに報酬を!　ボンド・ボンド構想
今度は私の番
次はボクの番
ポイントの報酬でボランティアの価値が受け継がれていく

け取れるようにすることも考えられる。

なるほど！　それなら円で受け取るお金じゃなくても、ボランティアに参加するメリットがありますね。

何度か話しているように、円の経済と結びつけようとすると、そのルールの中でしか何もできなくなってしまうんだ。そうではなくて、**新しい価値観で小さな経済圏を作れることが、「みらいのお金」の魅力**なんだよ。

カナコインの「家庭内通貨」の話と同じですね！

そうだね。ただ、ここで大事なことは、それまでは円の経済で評価されていなかった価値が新たに生まれるということなんだ。今までは市場経済では成り立たなかったから経済的価値として評価されていなかったボランティア活動に、経済的な価値が与えられる。つまり、仮想通貨というのは、「無」から「有」を生むものだとも言える。

そうなんだ。だったら、他にも生み出すことができる価値はいろいろとありそうです。

みんなで知恵を絞れば、仮想通貨でいろんなことが実現する世の中になる。これが大切なことなんだ。

5 時間目のおさらい

- 家庭内なら誰でも新しい経済を生み出せる
- 仮想通貨は円で価値がつけられないものに価値をつける
- 「社内通貨」で社員の仕事を評価する企業もある
- 仮想通貨は株の公開より簡単に資金を集められる
- 円で評価されない頑張りが報われる社会が来る
- 新しい価値観で小さな経済圏を作れるのが「みらいのお金」

6時間目

仮想通貨を
使ってみよう

ようやく仮想通貨の役割とか意味みたいなことがわかってきた。

仮想通貨を作ってみる気になった？

そうね、家族で使える通貨なら作ってみてもいいかな。でもその前に、私も仮想通貨を実際に使ってみないと。

そうだよ、まだ持ってもいないんじゃないか。

ビットコインとかなら、日本のお店でも使えるんでしょ？

家電量販店とかで対応してるね。

でも待って！　そういえばマツダ先生は、仮想通貨はまだ買い物とかには向いてないって言ってたな。

まあね。僕も使ってないし。

そうすると、ふだんの生活で仮想通貨を使うメリットって、なんなんだろう？今はほとんどないってこと？

そうだなあ、いきなり海外にお金を送るなんてこともないし、他の電子マネーで十分だね。

私が仮想通貨を使って、何か得になるのかな。また先生に聞いてみよう！

仮想通貨は誰から買ってもいい

マツダ先生！　私、今まで食わず嫌いでしたけど、反省しました。やっぱり電子マネーとか仮想通貨とか、慣れておいたほうがいいと思います。それで、試

しに仮想通貨を買って使ってみたいのですけど、どうしたらいいですか？

お試しなら、ビットコインを買ってみることかな。お店で使うこともできるし、他の仮想通貨への交換も簡単だからね。２０１９年１月時点では、１ＢＴＣ＝40万円くらいだね。

そんなお金はないんですけど……。

大丈夫。１ＢＴＣより小さい額でも買えるよ。**現金と違っていくらでも細かくできるのが仮想通貨のいいところ**だ。４００円で、０・００１ＢＴＣくらいを買ってみればいいんじゃないかな。

そのくらいでいいです！　で、どこで買うんですか？

もし**身近にビットコインのユーザーがいるなら、その人に直接現金を渡して送金してもらう**といい。使い方も教えてもらえるから一石二鳥だ。

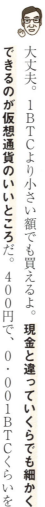

トシくんでもいいんですか。

もちろん。

仮想通貨って、みんなそうやって知り合いから買っているんですか？

他にも方法はあるよ。**ユーザー同士で売買するのはOTC（Over the counter）取引といって、お互いがよければ、いくらで売買してもいい**んだ。

じゃあ1BTCを100円でもいい？

トシくんがいいと言うならね。絶対に嫌だと思うけど。

それ以外の買い方もあるんですよね？

仮想通貨の買い方

取引所で買う	取引所で個人間の取引を仲介してもらう。 相場価格で取引。 売りたい人がいないと買えない。 買いたい人がいないと売れない。 売買価格を指定することもできる。
販売所で買う	業者が買い付けて保有している通貨を買う。 業者が保有している通貨ならすぐに買える。 取引所に比べると手数料が高い。
OTC で買う	仮想通貨を保有しているユーザーから直接送金してもらう。 両者が合意すればどんな価格でも取引できる。 買いたい通貨を持っているユーザーを自分で見つける必要がある。
ATM(ビットコイン)で買う	銀行 ATM と同じように、自販機感覚で現金をビットコインに交換できる。 取引口座がなくても購入できる。 国内の設置台数が少ないため利用できる人が限られる。

一般的には、取引所で買う人が多いだろう。ユーザーが知り合いにいなくても買えるからね。ＯＴＣと違うのは、相場価格でしか買えないことと、手数料がかかることだ。

パソコンがあれば買えるんでしょうか？

そうだよ。取引所のウェブサイトでまずアカウントを作る。そして取引口座を開いたら、そこの口座にお金を入れて……。

ちょ、ちょっと待ってください！　アカウントを作るというのは、なんとなくわかりますけど、口座を開いてお金を入れるって銀行預金みたいなこと？

そうか、カナちゃんは株も買ったことがないんだよね。うーん、**取引所では、仮想通貨を買うための資金を一度取引所に預けないといけない**んだ。仮想通貨用の預金口座を作るようなものだと思えばいいんじゃないかな。

で、その口座にお金を入れるというのは、どうすればいいんですか？

それも預金口座と同じだよ。ネットバンキングで銀行の預金口座から振り込んでもいいし、ＡＴＭで現金を入れてもいい。コンビニで入金することもできるね。

わかりました。じゃあ、口座にお金を入れられたら、準備完了ってことですね。

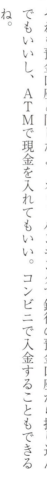

そう。あとは買いたいビットコインの額（数量）を入力して、買えばいい。ちなみに、**便宜上「買う」「売る」と言っているけど、正確には交換しているん**だからね。

はい！　とりあえず、買うのに資格も審査も必要なくて安心しました。

どの財布にしまっておく？

0・001BTC……と。よし！

無事に買えたようだね。

やりました！　これでもう買い物ができるんですか？　というか、私のビットコインはどこにあることになるんですか？

銀行口座と一緒で、**取引所で購入しただけでは、まだそのお金は取引所のウォレットに預けたままになっている**んだ。もちろん、そのままでも送金はできるから、使い勝手に差はないけどね。

あ！　そういえば取引所のウォレットって、仮想通貨が盗まれちゃったところですよね？　なんだか怖いです。

じゃあ、取引所でコインを購入したあとは、自分のスマホのウォレットアプリに保存しておけばいい。取引所に預けておかなければ、盗まれないように自分で守ることはできるよ。

スマホのアプリだと安全なんですか？

しっかりとロックをかけておけばね。二重認証にしてＩＤとパスワードをきちんと管理しておけば、まず大丈夫だろう。前に話した通り、仮想通貨はネット

に接続していないと使うことはできないけれど、保管はオフラインでもできる。**たいていのウォレットアプリは「コールドウォレット」といって、使用しないときはネットに接続しないようになっているから、他人が勝手に使ったりすることはできない**よ。

本当のお財布みたいですね。

もしそれでも心配なら、ＵＳＢメモリタイプのウォレットにお金を移しておくと、より安全だ。**アプリ形式のものは「ソフトウォレット」、ＵＳＢメモリのように物理的に取り外しできるタイプは「ハードウォレット」**といって、ハードウォレットなら金庫にしまっておくこともできる。

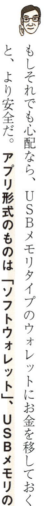

それだったらタンス預金とか、へそくりみたいなこともできますね。

ただし、ハードウォレットでも、いいかげんな製品を買うと、あらかじめハッキングツールが仕込まれていたりするので、製造元か正規販売店から直接買う

仮想通貨のウォレット

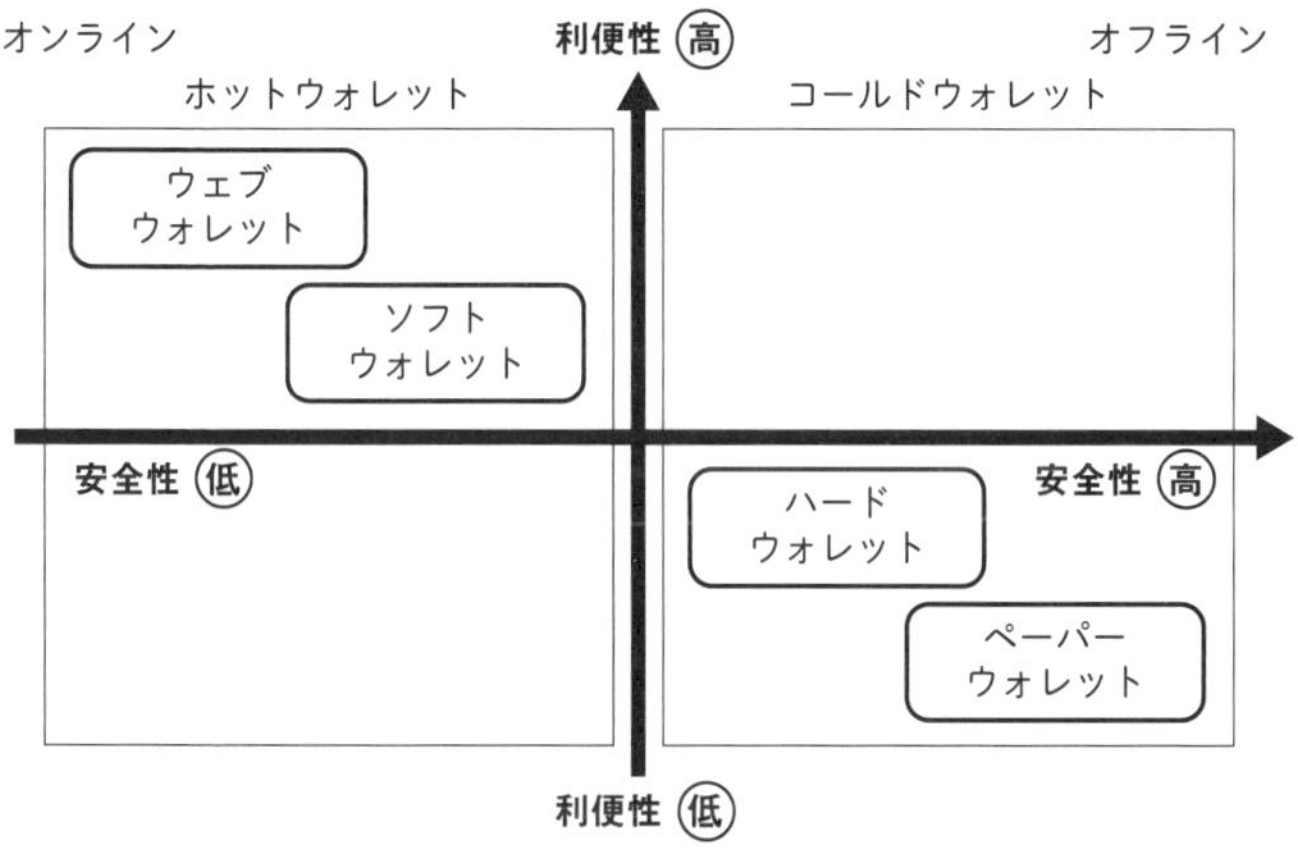

オンライン環境で保管するホットウォレットは、使いやすい一方で、ハッキングなどのリスクが大きい。
コールドウォレットはオフライン環境で保管できるので安全だが、使うたびにネットに接続しないといけないので使い勝手で劣る。

といい。

なんだか難しい……。

セキュリティに関する多少の知識がないと、難しいかもしれないね。現状のウォレットの構造で高度なセキュリティを維持するには、多くの手間と高額な費用がかかってしまう。今は独自の構造を持ったコインごとに、それに応じた専用のウォレットが開発されている状況だ。だから、ビット

コインにはビットコインの専用ウォレットがあり、イーサリアムにはイーサリアムの専用ウォレットがある。この**ウォレット自体のセキュリティが、銀行などの金融機関のレベルと比べると、まだまだ低い**。だから取引所はネット接続していないオフラインのウォレットに保管したり、専門職員に24時間監視させたりして必死に守ろうとしている。

そんなこと言われると不安になっちゃいます。

０・００１ＢＴＣくらいだったら心配ないよ。少額のコインはハッキングの手間に見合わないから狙われないし、万が一なくなったとしてもリスクは小さい。

いくら少額でも、なくなるのは嫌ですよ。

それはそうだよね。だから、**仮想通貨をもっと普及させるには、セキュリティレベルの向上が必須**だ。事実、アメリカでは、仮想通貨をいかに安全に保管するかという試みがすでに始まっている。というのも、近い将来、機関投資家が

仮想通貨投資に参入すると言われているからだ。

機関投資家ってなんですか？

機関投資家は、多額の資金を集めて運用する会社とか組織のこと。信託銀行や保険会社などだね。何十億円、何百億円という資金を投資することもあるから、その資金が盗まれることは絶対にあってはならない。

だからセキュリティを強化しようとしているんですね。

個人でできることは、とにかくウォレットのパスワードがばれないように守ることだ。パスワードを手帳などにメモしておいたばかりに、どこかで盗み見られてしまうことはよくある。パスワードが漏れしてしまうと、どんなにセキュリティの技術が優れたウォレットを使っていても意味がないんだ。

送金速度によって手数料が変わる

じゃあ、さっそくスマホにウォレットを作ってみますね。ええと、こうして、こうして……すっごく簡単ですね。

ビットコインは、**個人認証なしに誰でも、いくつでもウォレットを持てる**からね。そのためマネーロンダリングやオレオレ詐欺（振り込め詐欺）、あるいは違法物品購入などの犯罪に使われることも多いのが実情なんだ。最近、ＬＩＮＥやメールで来る海外の振り込め詐欺は、たいていビットコインでの送金を指示してくる。銀行口座だと口座開設も面倒だし、引き出し時につかまりやすいけど、ビットコインなら身元を隠したままお金を入手しやすいんだ。そのあたりも、今後の仮想通貨では改善されていくと思うけどね。

ふーん、なるほど。便利になりすぎるのも考えものですね。

そうだね。**セキュリティを強化すると、取引速度が遅くなったり、コストがかかったりして、利便性が犠牲になることがある。**だから最も使いやすいバランスを追求していくことが大切だ。もちろん、技術の向上で問題が解決されることも多い。

わかりました。じゃあ、取引所のウォレットから、スマホのウォレットに送金してみたいんですけど、どうしたらいいですか？

まずはスマホのウォレットで、「ビットコインアドレス」を確認してごらん。**ビットコインアドレスは口座番号のようなもので、送金元のアドレスから、送金先のアドレスにビットコインを送る**わけだ。今回はカナちゃんの取引所のウォレットが送金元、スマホウォレットが送金先になる。

はい。なんかすごく長いパスワードみたいなのが出てきました！

それがきみのアドレスだ。一般的にビットコインアドレスは1から始まる27～

34文字の英数字で作られる。

取引所のウォレットから、このアドレスに送ればいいんですね。

そうだ。取引所のウォレットの入出金から、ビットコインを選ぶ。あとはスマホのウォレットのアドレスを送り先に入力して、送る金額を指定して送金すればいい。

やってみます！

アドレスの入力は絶対に間違えないようにしてね。間違って送ってしまったら二度と取り戻せないから。

えっ！　怖いです！　取り消しができないんですか？

取引が完了してしまったら、取り消せない。それに、**「1から始まる27〜34文**

字の英数字」だったら、どんな文字列でもアドレスになってしまうから、「そのアドレスはありません」みたいなエラーも出てこないんだ。だからコピペするのが鉄則だ。

うわー、慎重にやらないと……あれ？

どうしたんだい？

「手数料優先度」というのを選ぶらしいです。どうすればいいかわかりません。

ああ、説明していなかったね。**仮想通貨の送金にかかる手数料は、ある程度は自分で決められる**んだ。

そんなの安いほうがいいに決まってるじゃないですか。

ところがそうとも限らない。**手数料によって送金のスピードが変わる**んだ。高

い手数料を払ったほうが、早く送れる。

でもインターネットの回線がちゃんとしていたら、そんなにスピードなんて変わらないんじゃないですか？

回線の通信速度の問題じゃないんだよ。前にブロックチェーンの仕組みを教えたよね。

はい。みんなで分散して管理しているという台帳です。

ブロックチェーンを使った仮想通貨は、取引が発生すると内容が公開されて、ノードと呼ばれる人たちが順次確認する。この確認のスピードが手数料によって変わるわけだ。**手数料が高い取引ほど優先的に確認される**。

えーっ、スピードってどのくらい違うんですか？

ビットコインでは、**早ければ10分、すごく遅いと数日かかることもある。**

そんなに⁉　たしかにそれだと困る人もいますね。

そもそも、**ビットコインは取引の量そのものがすごく多いので、総じて決済が遅いことが問題になっている。**ＥＴＣでスイスイになったはずの高速道路が、交通量が多すぎて大渋滞しているようなものだ。だから、仮想通貨はまだ店頭での決済では、あまり使い勝手がよくない。

なるほど。でも私は特に急いでいないから、手数料が安いほうでいいや。

小さな額の送金だから、そんなに時間もかからないと思うよ。

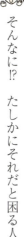

それでも、10分ってこうして待っていると長いものですね。

Suicaだったら「ピッ」と一瞬で終わるわけだから、余計に長く感じてしまうよね。銀行システムのような中央集権的な巨大システムがあれば処理も早かったんだけど、分散型にしてみんなで監視しようとしたら、こうなってしまう。自由の代償かもしれないね。

これも技術が進めば、また便利になるかもしれないですね。

公開鍵と秘密鍵

そうこうしている間に、無事にビットコインを送れたみたいです。私のスマホのウォレットに入りました。やった！

最初はいろいろと覚えるのが大変だけど、こうやって慣れてしまえば、どうってことないよ。

ところで、このビットコインアドレスっていうのが、私のＩＤみたいなものですよね。これ長ったらしくて覚えられないので、変更したいんですけど。

それはできないよ。

えっ！　私の勝手じゃないんですか？

ビットコインアドレスは「公開鍵」といって、文字通りみんなに公開されている。これは「秘密鍵」とセットになった暗号化に使うもので、システムが自動で発行しているものだ。だから人の手で勝手に変更することができないんだよ。この暗号化の仕組みがあるからこそ、分散型でみんなで監視していても、送金元から送金先へ正しく送ることができるわけだ。

急に専門的な話になりましたね。秘密鍵というのもあるんですね。

知らなくても仮想通貨は使えるけど、知っておいたほうがいいだろう。たとえ

公開鍵と秘密鍵

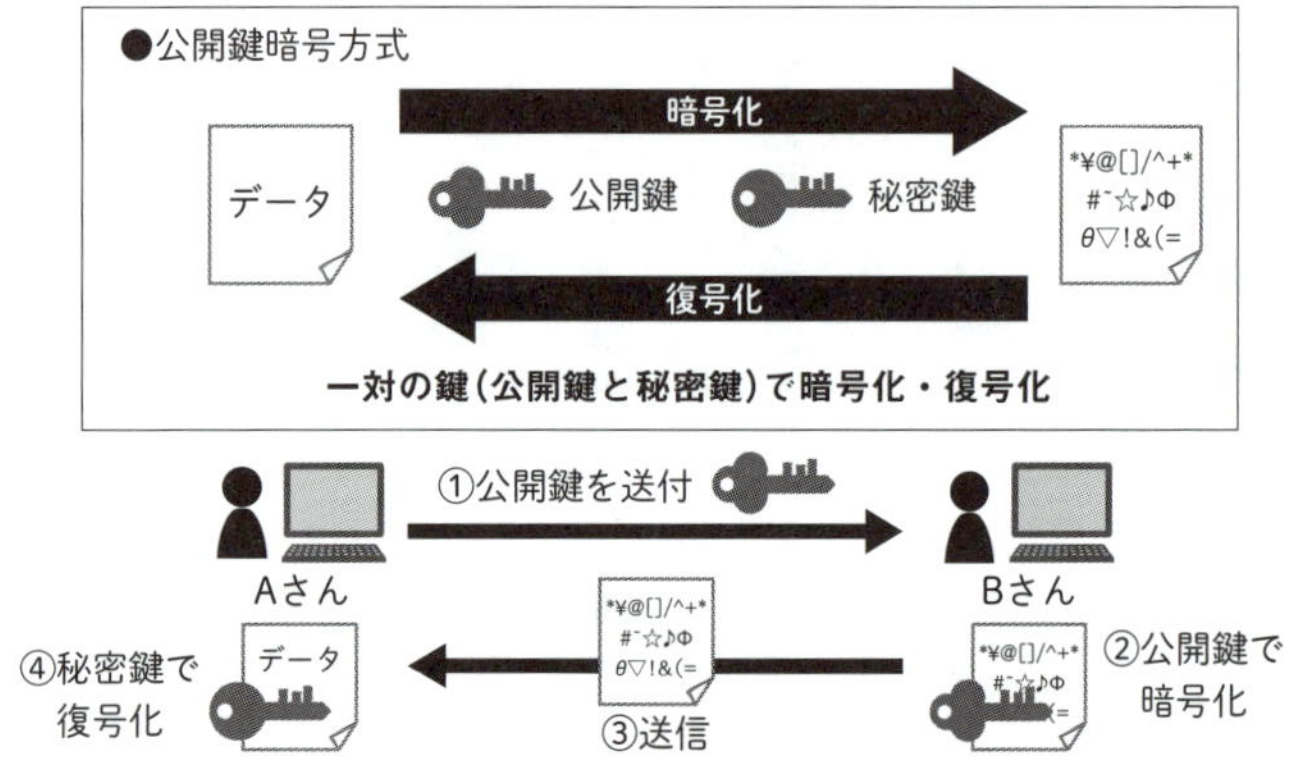

ば「カナちゃんが1BTCを送った」という**取引内容が、まず送り先の公開鍵で解読不能な暗号に変えられる。それを元に戻せるのは、セットになっている送り先の秘密鍵だけ**だ。要するに秘密鍵を持っている人だけが読み込めるので、お金を送られた人だけが、カナちゃんからの1BTCを受け取れるわけだ。その**秘密鍵は、文字通り秘密にされていて、システム内で使用されるだけで持ち主さえ見ることができない。**

完全に見えないんですね。一度でもバレたらおしまいなので、そのほうが安心です。でも、このビットコイ

ンアドレスは、私のウォレットだってわかるわけですよね。なんだかそれも怖い気がするんですけど。

それは何も気にしなくていいよ。たしかにビットコインでは、どこからどこへ送金されたのかを世界中の誰でも見ることができる。でも、そのビットコインアドレスがカナちゃんだということは、誰にもわからない。

本当ですか？

ビットコインアドレスは個人情報とはまったく紐《ひも》付《づ》いていないからね。だけど、さっきも言ったように、ウォレットを使うためのＩＤとパスワードがバレたら危険だ。これは仮想通貨の暗号化とは関係がない。誰かにバレてしまったら、好き放題にカナちゃんのウォレットを使われてしまう。

わかりました。絶対に誰にもバレないように気をつけます！

買い物するタイミングで支払額が変わる

それじゃあ、今度は仮想通貨で買い物をしてみようかな。

家電量販店のネットショッピングでも使えるから、試してみたらいい。

送金の方法はさっきと変わらないですよね。

そうだね。相手のアドレスに送るだけだ。ただ、注意点が一つある。

なんですか？

円との交換レートのことだ。

円とは違う通貨だから、１ＢＴＣが何円かは常に変わるってやつですよね。で

も、もう私はビットコインを持っているんだから、関係ないんじゃ？

そうではないんだ。**支払いのレートは実際に購入するタイミングのものが反映されるん**だよ。だからビットコインを買ったときのレートはもちろん、お店で商品を眺めているときのレートとも同じではなくなってしまうことがあるんだ。

え？　じゃあ、ネットショッピングで商品を選んでいるときと、商品を決めて注文するときで、もう値段が違うってことですか？

円での価格は当然変わらないよ。ネットショップを見てごらん。価格表示は円だよね。１０００円の商品が急に１５００円になったりはしない。

なんだか混乱します。

要するに、１０００円の商品を買うのに必要なビットコインの金額が、多くなったり少なくなったりするってことだ。

注文してみるまでわからないってことか。そうすると、高い商品を買うときはタイミングが大事ですね。

そうだね。ビットコインでの支払いは10万円まで、などとお店で決めていたりするけれど、10万円分のビットコインとなると、値動きによって結構な損得が発生する。

私はどっちみち少ししかビットコインを持っていないので、２００円くらいの乾電池を買ってみようっと。

買い方は問題ないはずだ。さっきと同じように送金先のビットコインアドレスを入力して、注文するだけ。

はい。仕組みがわかってきたので、もう大丈夫です。あとは取引の確認が終わるのを待つだけですね。

仮想通貨で買い物をしてみよう！

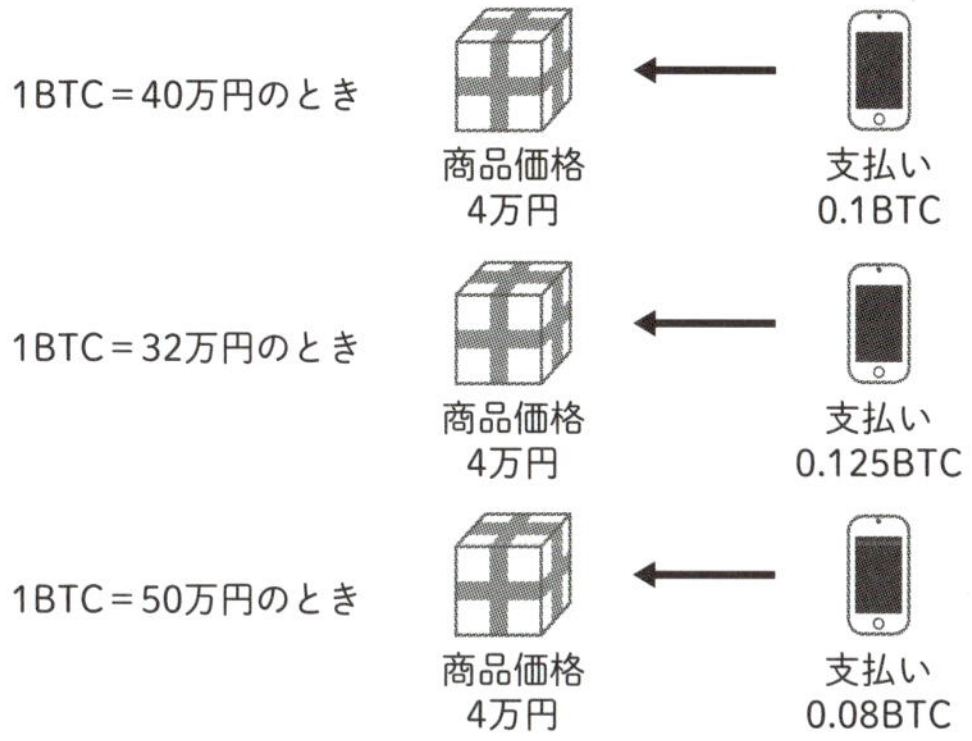

商品価格は同じでもビットコイン支払額はレートによって変わる

この**取引完了までの時間も、買い物に使うには大きなネックになる。**支払いに要する時間としては、かなり長い。たとえば、現在、世界で広く使われているクレジットカードの取引承認までの時間は3〜5秒程度だ。ビットコインの10分と比べたら、ずいぶん短いよね。クレジットカードをカードリーダーに通しているときに実際の決済が行われ、その取引が承認されると、数秒後にレジから伝票が出てくることになる。このレベルにならなければ、仮想通貨が決済手段として普及するのは難しいだろうね。

「みらいのお金」はこれから進化する

実際に仮想通貨を使ってみて、どうだった？

うーん、新しいことをやっているワクワク感はありましたけど、毎日これだけで買い物するのは、ちょっと面倒かな。ビットコインの価値がすごく高いタイミングだったら、お得に買い物できるかもしれないですけど。

そうだろうね。**日常的に使うには、仮想通貨はまだ使い勝手があまりよくない**ことがわかったはずだ。お店の側からしても不都合な点があるので、現実には多くの企業が、まだ仮想通貨を決済手段としては認めていない。

1回の支払いであんなに時間がかかっていたら、仕事が回らないですよね。

それ以外にも理由はいくつかあるが、第一は、**仮想通貨の保有者がまだ少なく**

て、コストと手間をかけて決済手段として認証するメリットがないことだろう。

それは、これから仮想通貨を使う人がどんどん増えれば、メリットが出てくるかもしれないですね。

そうだね。第二に、日本で活動する企業のほとんどは、日本円で会計を行っている。だから、仮想通貨のように**日本円以外の通貨を使われると、両替が必要になって、コストと手間がさらにかかる**んだ。個人であればそのまま仮想通貨として保有できるが、企業の場合はそうはいかない。

仮想通貨のまま持っていたらダメなんですか？

会計的には問題なんだ。だからおそらく、現状でビットコインを支払い手段として受け取っているお店は、受け取ると同時に日本円に両替していると思う。そのたびに手数料がかかるだろうし、その手数料はビットコインでの支払いにかかる費用として販売価格に上乗せされるだろう。ビットコインを使いたい客

は、自分でコストをまかなわなければならないわけだ。

難しいことはわからないですけど、日本の経済はまだまだ円のルールで動いているんだってことだけはわかります。

法定通貨が日本円である以上、仮想通貨の使用は少し、不便にならざるを得ない。しかし、将来的には日本円とペッグ（為替レートを一定に保つ）した仮想通貨や、日本政府が発行する仮想通貨が登場することで、この問題を解決できると私は考えている。松田プランという名前で発表しているので、興味があるなら調べてみてほしい。

COLUMN

暗号通貨が日本の切り札？

日本の財政は深刻な状態にありますが、政府が暗号通貨を発行することで、これを救う手立てがあります。

政府は国債も含めて1200兆円にのぼる負債を抱えていますが、政府と日本銀行のバランスシートを連結させた「統合政府」として捉えてみると、日銀が保有している国債は統合政府の中で消えてしまいます。すなわち、2018年3月末時点で日銀が持っている約450兆円の国債は、政府との間で債権と債務が相殺されることになります。

政府の側では、政府の負債から政府の資産を差し引いた純負債は概ね550兆円ですから、そこから450兆円を差し引くと、政府の純負債は100兆円程度になります。政府が税金で返さなければならない国債残高は概ね900兆円ですから、450兆円といえば、国債の半分が消えていることになります。統合政府では、この国債は日銀の負債である日銀当座預金というものに姿を変えていますが、これは返済不要な帳簿上のお金にすぎません。

つまり、安倍政権が6年にわたって進めてきたアベノミクスの「異次元の金融緩和」のもとで、日銀が大量に国債を購入したおかげで財政再建が実現していることになります。

ただ、そのままだと日銀が持っている国債が満期を迎えるたびに、日銀保有の国債が減り、この財政再建効果が消えていきます。（次ページへ続く）

そこで、日銀が持つ国債が満期を迎えるたびに、政府がその分の永久国債（償還期間の定めのない国債）を発行し、これに乗り換えてもらい、日銀はこの永久国債を売却しないことを約束することで政府と日銀が協定を結べば、上記の財政再建効果は永久に確定します。

しかし、それでは日銀のバランスシートは永久に膨れ上がったままです。そこで、政府が暗号通貨を発行して、この永久国債を返済していくことを考えます。ただし、政府暗号通貨の発行は、民間の企業や個人などが市中銀行で政府暗号通貨を購入するときに限ることとします。民間の方々は、自分の預金口座から引き落とすことで暗号通貨を買い、銀行は日銀から暗号通貨を買い、日銀は政府に日銀が持っている永久国債を暗号通貨で返済してほしいと要求するのです。これで日銀のバランスシートが縮小する形で、民間に政府暗号通貨が供給されることになります。こうしたルールを徹底すれば、政府が暗号通貨を発行することでインフレを招いたり、財政規律を損なったりする懸念もありません。

政府暗号通貨には、納税や社会保険料や手数料など、国民や企業が政府など国の機関との間のさまざまな手続きや支払いを一度で済ますことができるスマートコントラクトを入れます。そうすれば、多くの人々が政府暗号通貨を買おうとするでしょう。

以上の「松田プラン」は、①財政再建（赤字国債の消滅と将来の金利負担の軽減）、②日銀の出口戦略（バランスシート縮小）の円滑化、③新たな通貨基盤の創出、④国民の利便性の増大、を一挙に実現することになる施策です。

詳しくは、拙著『サイバーセキュリティと仮想通貨が日本を救う』（創藝社）の第8章、または、『米中知られざる「仮想通貨」戦争の内幕』（宝島社、共著）の第3章を併せて読んでいただければと思います。

6時間目のおさらい

- 仮想通貨はオフラインでの保管が安全
- 取引の量が多すぎると「決済待ちの渋滞」が発生する
- 仮想通貨の取引は「公開鍵」と「秘密鍵」で守られている
- 円と「ペッグ」することで、仮想通貨の利便性は高まる
- 仮想通貨は技術革新を通じて本物の「みらいのお金」になる
- 日本政府が暗号通貨を発行することで財政再建と便利な世の中を実現する方法がある

7 時間目

お金は
マルチメディア化する

仮想通貨を実際に使ってみたけど、トシくんが持ってるけど使わない理由がよくわかったわ。

そうなんだよね。買い物にすごく便利ってわけじゃないから。でも、今はそうかもしれないけど、これからの社会は絶対に仮想通貨をもっとうまく使う社会になると思うんだ。

使えるお店も少しずつ増えているしね。それに、全部の通貨が全部のお店で使える必要もないわけでしょ？　地域の中だけで使えるものができるかもしれないし、テーマとかジャンルとかで使えるお金が別になるかもしれないし。

カナちゃん、見違えるように詳しくなったね。

そうでしょ？　もうトシくんは追い越しちゃったと思うよ。

そうかも。カナちゃんが言うように、東京都限定のコインとか、本にだけ使え

るコインとかができたら、面白いよね。

でも、そうやってみんなが仮想通貨を使い始めたら、日本の円とか銀行ってどうなるんだろう。

いらなくなっちゃうわけ？

先生は、法定通貨が完全に不要になることはないって言ってた。最後に、ちょっと先の未来について教えてもらってくる。

円も銀行もいらなくなるの？

先生のおかげで、「みらいのお金」がどんな意味を持っているのか、ようやくわかりました。今までは仮想通貨も、なんとなくしかわからなかったけど、ど

うして仮想通貨に期待する人が多いのか、理解できたと思います。

それはうれしいね。

でも、「みらいのお金」が自由と多様性を実現するとしたら、今まで中央集権でやってきた法定通貨とか銀行はどうなっちゃうんですか？　もういらなくなるってことなんですか？

なるほどね。「みらいのお金」のことを知れば、誰もが行き着く疑問だろう。ではカナちゃんへの最後の授業として、近未来の社会について話をしようか。もう法定通貨や銀行が不要になってしまうのでは？　という疑問は、実は国や銀行も考えていることなんだ。正確には、法定通貨というより現金が不要になるかも、という話なんだけど。

やっぱりそうですよね。今は仮想通貨で生活することはできないと思いますけど、これからは私たちが通貨を選ぶようになるんですもんね。

そう。**自由で多様性のある社会というのは、個人が自らのライフスタイルや価値観に基づいて、いろんな選択肢を持てる社会ということ**だからね。そして、仮想通貨だけで生活ができるという前提なら、極端な話、銀行や、その他のいろいろなものが必要なくなってしまう。

使う必要がないですもんね。

そうなんだ。**仮想通貨とブロックチェーンの技術を使えば、管理や仲介といったサービスが、どんどん省略できる**。身近なところから考えよう。まず仮想通貨には銀行預金はいらないよね？

はい。自分のウォレットにいくらでも保管しておけるので。

私たちが銀行預金を使う理由の一つは、多額の現金をそのまま持っておくのは危険だから、安全なところに預かってもらおうということだ。銀行がなかった

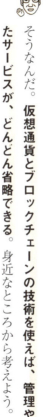

ら、お金を貯めるのも持ち歩くのも、とんでもなく大変になる。でも、そもそも現物が存在しない仮想通貨なら、データを管理するだけでいい。

でも、自分で守らないといけないって部分は、ちょっと心配ですね。

それはセキュリティの問題だね。ブロックチェーンは誰にも改ざんされない台帳だとされているけども、個人のウォレットのパスワードなどは自分で守らないといけない。たくさんの人の仮想通貨を保管している取引所などは、さらに安全性を高めていかないといけない。**これから仮想通貨の利用が本格化するためには、サイバーセキュリティの進歩が間違いなく必要だ。**

それを考えると、しばらくは銀行のほうが安全と思う人が多いかもしれません。

そうだね。銀行にはこれまで国民の財産を預かってきた実績、強固なセキュリティシステム、大量の現金を保有している事実、そして一つの口座につき1000万円まで保障するペイオフ制度がある。国民からの信用は絶大だろう。

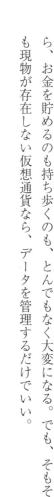

銀行にお金を預けることに、なんの疑問もないですもんね。

ただし、**銀行も絶対に安全というわけではない**。２０１０年に日本振興銀行が倒産しているね。１９９７年の北海道拓殖銀行、１９９８年の日本長期信用銀行の事例も記憶に新しいところだ。銀行が潰れてしまったら、お金は返ってこないかもしれない。

ペイオフ制度があるじゃないですか。

それは制度の問題であって、銀行預金が安全かどうかとはちょっと違う問題だ。仮に国家が破綻するような事態になれば、ペイオフだって適用されるかどうかはわからない。

私のお金を預けていたのに、返してもらえないなんて困ります。

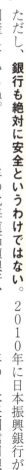

そもそも銀行預金は、厳密には銀行のものだ。**お金を預けると書くけども、原理的には預金債権といって、「銀行にお金を貸している」状態になっている。**

そうなんですか⁉　私のお金を銀行に置いてあるわけじゃないんですか？

預金には利子がつくだろう？　それはきみが一度お金を手放して、銀行に貸しているからなんだよ。ただ他人のものを預かってあげているのだったら、利子なんて払う必要はないし、むしろ預かり料をもらいたいくらいだろう？

そう言われるとたしかに、預かってもらっているうえにお金がもらえるなんて、変ですね。なるほど。

銀行はお金を企業などに貸し出すことも仕事の一つだ。他人から預かったお金を勝手に貸すわけにはいかないよね。だから利子を払ってみんなからお金を借りて、そのお金を又貸ししているんだ。**単なる「みんなの金庫」というわけじゃなくて、私たちは銀行にお金を貸して運用してもらっている**んだと理解したほうがいい。

うーん、そうすると、仮想通貨はウォレットに入れておけるから銀行はいらないっていう単純な話でもないわけですね。

そうだね。銀行の役割というものを考えないといけない。ただ、利子ということで言えば、昔は１％程度あった普通預金の金利が、今では０・００１％と１０００分の１になっている。企業が資金を得る手段も、銀行から借りるだけじゃなくて、仮想通貨やクラウドファンディングを使った方法なども出てきた。しかも近年は、銀行はお金の貸し出し先が見つからなくて、結局、その多くを日本国債の購入にあてている。それなら個人が自分で直接、日本国債を買ったほうが、コストが安くなって利率も高くなる。さあ、カナちゃんはそれでも、大事なお金を銀行に貸すだけでいいと思うかな。

ちょっと話が難しいですけど、もっと簡単に自分でいろんなことができるようになるなら、銀行を使わなくてもいいのかな。

そうやってみんなが自分で考えるようになったら、銀行も今のままでは安泰ではないだろうね。

仮想通貨は「お金のどこでもドア」

銀行の役割が今後も必要か、という話では、もう一つ、手数料の問題もある。

ＡＴＭでお金を引き出したり、他の口座に振り込んだりするときに、ちょこちょこ手数料がかかりますね。でも、異常に高いと感じることはないです。

銀行によって手数料には違いがあるからね。たとえば大手銀行では、個人が自社の銀行の支店間で送金する場合、手数料を無料にしていることが多い。しかし、**法人口座だったり、他銀行に送金する場合だったり、通貨の両替を含む外**

国の銀行宛の送金だったりすると、びっくりするほど手数料が高くなる。一般の人には見えていないだろうけれども、銀行もあれだけの人員とシステムを抱えているのだから、その費用をどこかでまかなわなければならない。口座維持手数料を取る銀行だってある。

そっか。銀行のシステムとかサービスを維持するだけで、ものすごい費用がかかっているんですね。

大量のお金を安全に動かすには、それだけのコストが必要なわけだ。そして、その安心感があるからこそ、私たちは手数料を払ってでも、銀行に取引を仲介してもらっていると言える。

そんなに仲介してもらってましたっけ？

カナちゃんだって、自分の口座から他人の口座に振り込んだり、給料を口座に振り込んでもらったり、クレジットカードによる支払い分を口座から引き落と

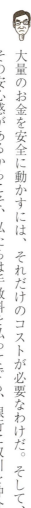

してもらったりしているだろう？　**銀行預金の場合は、これらすべての取引がいったん銀行を通過している**。銀行の仲介なしで、全部をやろうと思ったら大変だよ？　なんらかのサービスを使わない限り、現金を自分の手で実際に届けるしかないんだから。

そうかー。口座から口座へ振り込むときは、なんとなく「直接払っている」感覚でいましたけど、そもそも預金口座がないと無理ですね。

そうだろう。仮に私がカナちゃんのお金を預かって、支払い先に届けるよと提案したって、まるで信用できないよね？

なくしちゃうかもしれないですし、どこかで飲み代に消えているかもしれないので、まったく安心できませんよ。おまけに、届けるのに何日かかるかわからないじゃないですか。

まったくその通り。それに比べれば、銀行の仲介は安全・確実だ。だけど、仮

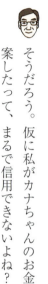

想通貨とブロックチェーンがあれば、どうだろう？

あ！　ウォレットからウォレットへ、個人が直接送金できますね！　それにブロックチェーンは偽造や改ざんがほとんどできないから、確実な気がします。

そうなんだ。**専門的には「P2P（ピアツーピア）」と言うんだけど、個人間で直接、しかも確実に取引できるのがブロックチェーンの利点の一つ**だ。仮想通貨について言えば、まさに**「お金のどこでもドア」**だ。

どこでもドアですか！　たしかに、世界中のどこにでも、パッとお金を送ることができます。「みらいのお金」って感じですね！

ブロックチェーンと仮想通貨を使えば、お金を払って誰かに取引を仲介してもらう必要などない。ここでもまた、銀行はその役割を失う可能性がある。

でも、銀行に仲介してもらったほうが安心という人はいると思います。送った

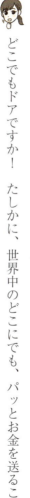

はずなのに届かない、みたいなトラブルがあったときに自己責任だと怖いと考えるんじゃないでしょうか。

それは信用の問題だね。**ブロックチェーンというテクノロジーを信用するか、銀行を信用するかの違い**だ。ブロックチェーンがなんだかわからない状態では、銀行を信用するだろう。でもカナちゃんはブロックチェーンの仕組みを学んで、過去に改ざんされたことがなく、むしろ取引記録がオープンになっていることを知っているから、ある程度このテクノロジーを信用

仮想通貨はお金のどこでもドア

している。**自分が生きていくうえで、どちらを信じて使うか、あるいは使い分けるのか、これからは個人の考え方や価値観が問われる時代になるだろう。**

ビットコインはブロックチェーン革命の始まり

ちょっと待ってください。たしかに仮想通貨なら銀行を介さずにお金を送れますけど、ブロックチェーンがなければできないわけですから、システムに仲介してもらっていることになりませんか？　それに、前にビットコインの送金を試したときに、バッチリ手数料がかかっていたじゃないですか。

そりゃそうだ。**ビットコインだって、システムを保守したり監視したりするのに多少のコストがかかっている**。ただし銀行に比べればずっと安い。海外送金の場合だと、銀行を使ってお金を送ると、何千円もの手数料と１週間もの時間が必要になるが、ビットコインだとせいぜい０・０００１〜０・００１ＢＴＣ

で、時間も10分程度しかかからない。それに、仲介業者にサービス料として払っているのとは、ちょっと違うんだ。

どういうことですか？

ビットコインのシステムを維持するための、マイニングに対する報酬として手数料が使われる。前に、ビットコインのマイニングの話をしたのを覚えているかな？

そうでしたね。いくら自立したシステムだといっても、取引の確認には人手と手間がかかっているから、まったく無料で使うわけにはいかないんですね。

そうだね。だけども、銀行を介した取引のように一度相手にお金を預けて（貸し出して）、代わりに送金してもらっているわけではない。**ビットコインシステムを使ってはいるけども、取引の間には誰も入っていない**んだ。

たしかに、取引の履歴を見ればわかりますよね。私がトシくんに送れば、私のビットコインアドレスからトシくんのビットコインアドレスに直接送金されているだけです。

その間には、第三者への貸し出しも借り受けも、送金も、一切存在しないよね。

どこでもドアですね。

ビットコインのマイニングは、参加者にとってはお宝を得るための仕事だけど、ビットコイン側にとってみればシステムを維持するための保守管理作業をやってもらっているわけだ。このように、**自分たちのニーズと市場のニーズとをうまく組み合わせてシステムを回しているところが、ビットコインのすごい点**だ。ボランティアだけなのに市場競争を取り入れて仕事をうまく回すなんて、多くのマネージャがやりたくてもできていないことだからね。

すごい！　本当に自立したシステムなんですね。

これまで仮想通貨のシステムなんて星の数ほど構想されてきたのに、ビットコインだけがこれほど成功したのにはきちんと理由がある。ニーズに合わせてシステムを作り、それをうまく回して維持発展させたことだ。どんなによくできたシステムも、使う人がいなければ絵に描いた餅にすぎないからね。

すごいですね。でも、世の中にはビットコインの送金手数料が高すぎるという声もあるみたいですよ。

ビットコイン自体の価格が高くなったために、それに合わせて手数料も高くなってしまったんだ。それに、より早く送金したい場合は、送金手数料を多めに支払うという仕組みもあったよね。ビットコインの取引を確定させる参加者は、送金手数料の高い取引を優先的に扱うから、ここでも市場競争が起きているんだ。

より便利に使おうと思ったら、より高い手数料を払わざるを得ないわけですね。

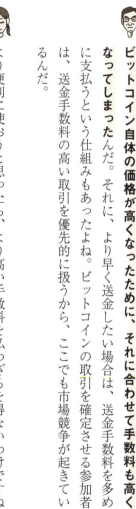

そういうこと。だからビットコインに関しては、いろいろと使い勝手が悪くなってきている面もある。しかし、最初の仮想通貨であるビットコインに完璧さを求めるのは間違っているだろう。**現在では、ビットコインの欠点を克服した新しい仮想通貨が次々と生まれてきている**。その中から、本当の「みらいのお金」が生まれるだろう。

なるほど、ビットコインが仮想通貨のすべてではないんですね。

ものすごく簡単に言ってしまえば、**仮想通貨は、これまで銀行が一手に担ってきた送金のシステムを、情報技術で代替しようとするものだ**。テクノロジーで中抜きをするという意味では、ビットコインは全世界で起きているブロックチェーン革命の始まりとも言えるね。これまでにも電話交換手とかタイピストとか駅の改札の切符切りとか活版印刷の活字拾いとか写植オペレーターとか、テクノロジーの発達でなくなった仕事は多い。アマゾンが街の書店の経営を圧迫し、ネットショッピングがデパートの売上を押し下げているように、仮想通

貨は銀行の送金システムにとってかわる可能性があるんだ。

メガバンクが作る新しい通貨

仮想通貨と銀行の関係はなんとなくわかってきました。結構、銀行はピンチのように思うんですけど、何か新しいことを始めてはいないんですか？

当然、この先をにらんだ事業を展開し始めている銀行はある。

たとえば？

三菱ＵＦＪ銀行が、ブロックチェーンの技術を利用して、独自の仮想通貨を開発していることは有名だね。

え？　銀行なのに、法定通貨じゃない通貨を自分で作っているんですか？

日本のメガバンクが発行する仮想通貨は、完全に独立したビットコインとは、立ち位置が違う。

違いがよくわからないです。

まず、法定通貨にしろ仮想通貨にしろ、これからキャッシュレス化が進んでいくことは明らかだろう。ただし、ビットコインのような完全に独立した仮想通貨が、法定通貨のように安定して使えるものになるかは、現時点ではわからない。まだ値動きが激しすぎるからね。カナちゃんも、実際の買い物ではちょっと不便に感じたろう？

そうですね。

三菱ＵＦＪ銀行は、**独自の仮想通貨を「1コイン＝ほぼ1円」の価値に調整す**

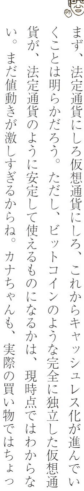

ると発表している。どういう仕組みでそれを実現するのかまでは明かされていないけども、ビットコインのように市場の需要と供給に任せるわけでなく、銀行がコントロールするのであれば、不可能ではないだろう。

それだったら、円と変わらない感覚で買い物にも使いやすいかもしれないですね……って、ちょっと待ってください。それじゃ円の電子マネーとかポイントサービスを使うのと同じじゃないですか？

買い物での使い勝手という意味では、あまり違わないかもしれない。だけど仮想通貨だから「Ｐ２Ｐ」のスムーズな送金が可能になるわけで、さっき話したような「どこでもドア」になる。

それって、銀行にとってはマイナスになりませんか？　仲介手数料を自ら捨てることになると思うんですけど。

するどいね。三菱ＵＦＪ銀行は、そういう判断をしたということだろう。そも

そも、**今の金融システムはとんでもなく大がかりで、運用にものすごいコストがかかっている。だから、ブロックチェーンを利用したシステムに切り替えるだけでも、銀行には大幅なコストカットのメリットがある。**ただし「Ｐ２Ｐ」の環境では、今までのように手数料をとることはできない。

そうですよね。

ではなぜ独自の仮想通貨を発行するかというと、**どこよりも先んじて、法定通貨の安定性と仮想通貨の利便性をいいとこどりしたプラットフォームを提供して、新しいビジネスを展開していく**ためだろう。みんながＵＦＪのコインを使うようになれば、企業も次々と参加してくるだろうし、コインを使ったサービスも勝手に増えていく。その大本《おおもと》を握っているわけだから、いくらでも利益を生み出すことができるだろう。スマホのＯＳを提供しているグーグルのようなイメージだね。

つまり銀行も、ただの仲介サービスは今後成り立たなくなると考えて、新しい

ことをやり始めるってことですね。

簡単に言うとそういうことだと思う。たとえば企業のポイントっていうのも、電子データだからこそ柔軟な運用ができる。今日だけポイント2倍とか、いつまでに使わないとなくなってしまう期間限定ポイントとか、アナログではとてもできない運用でマーケティングを促進するのも、電子データだからできることだ。もし、それで利用者が増えるのであれば、ウォレットの残高にポイントで利子をつけることとか、使用でポイントを貯めることとか、システム自体は簡単に作れるだろう。仮想通貨のほうが、企業も利用者のニーズに合わせた特典をつけられると思うよ。

でも結局、法定通貨ありきのサービスだとしたら、なんか自由と多様性の「みらいのお金」とは違う感じがしちゃうなあ。

そんなことはないよ。たしかに円が背景になければ成り立たないけど、今後そのコインを使ったサービスに、どんなものが出てくるかによる。海外にも仲介

なしで瞬時に送金できる、といった仮想通貨のメリットは同じく使えるわけだし。それに、そのコインを使うことを強制されるわけじゃない。メガバンクが発行するコインは、**法定通貨である円と、完全自立型のビットコインとの中間的な存在だ。それを選ぶ自由が増えた**と考えればいい。それに、現金の流通が減っていくことも、社会的にはメリットになる点がある。

そうなんですか？

金額だけでいえば、現金流通のうち、犯罪で使われるアングラマネーが結構多いと言われることがあるんだ。たとえば日本では、流通している紙幣のうち、一万円紙幣の割合は9割なんだけど、これはきみの実感と合っているかな？

千円札のほうがずっと流通量が多いと思ってました。

日常生活ではそうだね。それなのに、一万円札がそれだけ出回っているということは、記録に残らないように現金の札束で保管されるアングラマネーやタンス預金が多いからなんだ。どの国でもたいてい、最高額紙幣がいちばん多く流通している。

マンガみたいな話ですね。

現実だよ。地下経済の規模が大きくなると、政府は税収が減って困る。だから2014年にシンガポールは最高額紙幣の1万シンガポールドル紙幣を廃止した。2016年にはインドが1000ルピー紙幣と500ルピー紙幣を廃止した。欧州中央銀行も500ユーロ紙幣の廃止を決定している。いずれも主な理由は犯罪対策だ。日本でもそれにならって、一万円紙幣を廃止できないかと考えている人もいる。現金は偽札のリスクもあるし、マネーロンダリングにも使われる。**仮想通貨によって、すべての取引が透明でオープンなものになることを望む人も少なくない**。これが、現金にはない仮想通貨の利点だ。現金の場合、紙幣には固有の番号が入っているが、物理的に隠されてしまえばそれまでだ。将来的に紙幣のすべてにトレーサブル（追跡可能）なセンサーがつくかもしれないが、それよりは仮想通貨のほうがコストが安い。

あまり知られていない仮想通貨のメリットですね。

銀行預金も電子マネーも、取引の一部は記録されているね。しかし、銀行預金の場合、現金で引き出されたあとはどのように使われているかわからない。あくまでも銀行が仲介した取引だけが記録されている。それに対して、仮想通貨の場合はすべての取引が記録されているから、透明性はさらに高いね。

じゃあ、手元にある仮想通貨の、過去の決済履歴もわかるわけですね。ちなみに、取引所で日本円に両替したらどうなるんですか？

その仮想通貨は取引所の財産として記録されて、次に誰かが仮想通貨を買うときに渡されることになる。仮想通貨というと、電子データだからいくらでも発行できそうなイメージがあるけど、実際にはその発行量は厳しく制限されていて、勝手に増やすことも減らすこともできないんだ。お金の出所と取引のすべてが記録されているから、偽金《にせがね》は存在できないし、盗んでもすぐにわかってしまう。ただし、お金を増やせないということは金融緩和ができないってことだから、欲しい人が多くなるとすぐに価格が上がってしまうのがデメリットだね。

ブロックチェーンが実現する社会って？

ここまでは銀行を中心に話してきたけど、**未来の社会では、その他の仲介サービスもどんどん不要になっていく可能性がある**。仮想通貨とブロックチェーンは、そんな未来のインフラとしてすごく期待されているんだ。

それは、仮想通貨の話ですか？　それともブロックチェーンの話ですか？

ブロックチェーンの可能性だね。**今のところブロックチェーンは仮想通貨とセットで語られることも少なくないけど、本来は台帳のシステムであって、仮想通貨専用のシステムではない**からね。

どういうことですか？

仮想通貨に使われているブロックチェーンは、本質的には、何度も書き換えられる可能性のある記録の真実性を証明するものだよね。「AさんからBさんへ送金する」とは、言い換えれば「Aさんの保有残高を減らして、その代わりにBさんの保有残高を増やす」ことと同じだ。これが正確になされないと、記録がめちゃくちゃになってしまう。Aさんの残高を減らしたのにBさんの残高を増やすことに失敗すれば、あったはずのお金がどこかに消えたことになる。逆に、Bさんの残高を増やしたのに、Aさんの残高を減らすのに失敗すれば、お金が無から生み出されたことになる。どちらも決してやってはならないことだが、ブロックチェーンは10年間にわたって、ビットコインで正確な記帳を続けた。これはものすごいことなんだ。

「どのお金がどんな履歴をたどって、今どこにあるのか」が全部わかるのだから、お金が突然現れたり、消えたりすることがないんですよね。

ブロックチェーンの、この追跡可能性に注目したのが、データの履歴を重要視する分野だ。**たとえば戸籍や住民票や国民年金の記録をブロックチェーンで管理すれば「消えた年金記録」なんて騒がれることがなくなる。**誰が、いつ、どれだけ年金の保険料を納めているかが透明になるからだ。

そういえばありましたね。年金記録が消えたって事件が。あれはたしか、人間が手作業で照合していたから、同姓同名の人がいたときにデータが混ざっちゃった、とかでしたっけ。

当時の技術では仕方ない面もあったと思うが、**ブロックチェーンを使えば記録の改ざんや紛失はなくなるはず**だ。転職が多くて、そのたびに年金や医療保険を移動している人は記録がごちゃごちゃになりがちだが、ブロックチェーンを使うことで本人が覚えていないような記録も見つけられるようになるだろう。記録に価値があればあるほど、ブロックチェーンの重要性は高まるね。年金記録の他には、不動産登記簿や税務記録などにも応用できると私は考えている。

どちらも正確性が求められるし、履歴を過去にさかのぼって調べる必要がたびたび生じるからね。

なるほど。ブロックチェーンを活用したそういうサービスは、すぐにでも実施できそうですね。

実際、**ブロックチェーンを使ってデータ管理を行う企業も出てきた**。たとえばダイヤモンド業界では、ブロックチェーンでダイヤモンド一つひとつの履歴を管理している。理由の第一は偽物対策だ。自社のダイヤモンド鉱山で採掘されてカットされたときからダイヤモンドに固有のナンバーを刻んでおけば、あとで買い取りに持ち込まれたときに、その真贋《しんがん》をデータベースに照らして鑑定できる。またダイヤモンド業界では、アフリカ大陸の紛争地帯で反政府勢力がダイヤの不法取引で資金調達をしていることが問題視されている。ブロックチェーンで自社のダイヤモンドを管理すれば、そうしたブラッドダイヤモンド（血で買われたダイヤモンド）を市場から排除することもできるんだ。同じような取り組みは、贋作《がんさく》の多い絵画などでも検討されている。**絵画の世界では伝**

統的に「誰がその絵の持ち主であったか」が重要視されてきたが、ブロックチェーンによってその履歴もたどりやすくなると期待されているんだ。農業分野でも、生産者まで記録が辿れるような安全な食物が求められているね。

なるほど。ブロックチェーンが記録管理の分野ですごく期待されていることはわかりました。でも、それって「みらいのお金」とはけっこう違う話のような気がします。

そうでもないよ。何度か説明してきたように、お金の本質は「信用」にある。これまで電子データは複製や改ざんが容易であったために「信用」を生むことが難しかった。それがブロックチェーンによって「信用」を与えられれば、仮想通貨が生まれるのは必然だ。そして、**複製や改ざんや消去が簡単にできない「信用」できるデータは、それが通貨の形をしていなくても、価値の交換や保存ができる、つまりお金に似たものになっていく**んだ。

どういうことですか？

手形や小切手は、本来はただの記録なのに、現金の代わりのお金として通用するようになった。確実にお金と交換できるとみんなが「信用」したからだね。今だって、たとえば不動産業界は、不動産そのものを手渡しするのではなく、登記簿に記載されるその不動産の所有権を売買している。だから競売などでは、せっかく購入したのに占有者が住みついているなどといった不測の事態が起こりうる。不動産そのものではなく、所有権という目に見えない記録を売買しているからだね。そして占有者がいるとかいないとか建物があるとかないとか不動産そのものの状態はどうであれ、所有権そのものは価値のある資産として売買や担保の対象になる。

なるほど、目に見えない記録でしかないのに、不動産の所有権はたしかに価値のある資産ですね。

不動産は、土地の所有権とその土地に建つ建物の所有権が別々だったり、土地についても所有権と使用権が分かれていたり、いろんなものを売買の対象にし

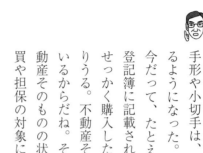

ているんだ。広告看板なんかは、一定期間看板を使用する権利を売っているものだね。ブロックチェーンでさまざまなものが流通に乗れば、そのうち「きみが着る服に広告をプリントする権利」とか「大勢の人が集まる前でのスピーチの内容を決定する権利」とかも売買の対象になるかもしれないね。

何種類もの通貨を使い分ける時代が来る

先生、これからは法定通貨よりも仮想通貨を使うほうが普通になっていくんでしょうか。一番有名なビットコインは、世界共通通貨のようになりますか？

ビットコインが今後の仮想通貨のデファクトスタンダード（業界標準）となるかどうかは、残念ながらわからない。ただ、**ヘデラ・ハッシュグラフとかクリプト・チェーンとか、新しくて使い勝手のいい技術が次々と開発されている。**
現状でもさまざまな問題を抱えたビットコインが、今後、全世界的に広く使わ

れる仮想通貨になることは考えにくいかもしれない。

えー、せっかく買ったのに。

ビットコインが必要なくなるわけではないよ。私が思うに、**1種類の仮想通貨が全世界で使われるのではなく、いろんな組織や個人がそれぞれ通貨を発行して、私たちは何種類もの仮想通貨を使い分ける時代が来る**んじゃないかな？

どういうことですか？

ポイントの使い分けに近いイメージかな。今でも買い物には現金の他にいろんなポイントが使えるから、どこのお店で、どのポイントで支払うのか、考えて使い分けている人がいるよね。

あー、たくさんポイントがつくからCDはあの店で買おうとか、そういうことですよね。銀行や百貨店のポイントはなかなか貯まらなくて使えないんです。

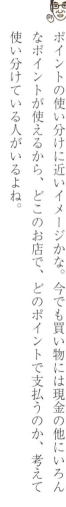

なので、使いにくいポイントを、使える機会の多い楽天ポイントやTポイントに交換していたりするよね。逆に、楽天ポイントやTポイントをマイレージポイントに換えて旅行に使う人も多いだろうね。

あー、なるほど。仮想通貨も、いろんなものが出てきて、それぞれを交換して使うようになるってことですね。

その通り。ある歌手のファンの間で流通する仮想通貨があってもいいし、あるブランドの商品がお得に買える仮想通貨があってもいい。このように、**何か共通の価値観を持つ人々の間で流通する仮想通貨を「ユーティリティ・トークン」と呼ぶ。**

企業のポイントや地域限定のポイントと同じですか？

ちょっと違うかな。もちろん**企業限定や地域限定の仮想通貨もあっていいけど**

も、そういう括りにとらわれる必要はない。家庭内通貨の話で出てきた、カナちゃんの「カナコイン」も、ユーティリティ・トークンの一種だ。あれはカナちゃんの家族のような、価値観を共有できる人の間で流通するものだ。

そうか、私の友達がアメリカにいるとしたら、そこでも使えるかもしれないのか。たしかに地域限定ではないですね。

そういうこと。そして、1000円でマッサージを受けるよりは、1カナコインで肩たたきをしてもらおうかなとか、選ぶようになるってことだ。

じゃあたとえば、餃子好きが使う「餃子コイン」とかがあってもいいんですね。

もちろん。仮想通貨は簡単に発行できるから、どんな通貨が出てきてもおかしくないよ。ちゃんと流通するかどうかは別問題だけど。

スタンプカードを作るのと変わらないですよね。

スタンプは紙と判子がいるけど、仮想通貨ならそれもいらない。しかも電子データだからなくさないし、記録を忘れたり間違えたりすることもない。

たしかに！　スタンプカードを全部持ち歩くのも嫌だし、結局、全然貯まらないまま有効期限が切れたり、捨てちゃったりするんですよね。

仮想通貨なら自動的に記録されるし、有効期限もない。

うーん、それでも、そんなにいろんなお店が「仮想通貨」を発行したら、持っていることを忘れちゃいそう。

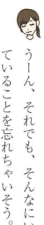

たしかに、**数十種類の「仮想通貨」があったら、管理するのも大変だね。しかし、それらがスマホの同じアプリ（プラットフォーム）に入れられて、一覧表示できる**ようになっていたらどうだろう？　ＡＩが自動で最適な通貨を選んでくれたりするかもしれない。

COLUMN

トークン三つの種類

商品やサービスと交換できる「お金のようなもの」を、専門用語でトークンといいます。商品券やポイントは、正確には「お金」ではなくトークンの一種です。本書の5時間目で説明したICOで発行される仮想通貨もトークンです。

仮想通貨（暗号通貨）とトークンは厳密には違うものですが、本書では分かりやすさを優先するため、言葉としてはあまり区別して使っていません。

トークンは、その使い方によって種類が分かれます。近いうちに仮想通貨は、次に示す三つの暗号通貨のいずれかへと進化を遂げることが予想されています。

①ペイメント・トークン 不特定多数の人々が決済や支払いに使う暗号通貨です。決済の便宜上、基本的に固定レートになると思われます。法定通貨として発行される場合もあれば、法定通貨として発行されていなくても法定通貨との間で固定レートであれば仮想通貨（暗号資産）ではないものとして当局が扱う可能性があります。
②ユーティリティ・トークン 特定の価値を評価する人々の間で支払いに用いられたり、流通する暗号通貨です。様々な価値をバックにした多様な暗号通貨が誕生することが期待されます。
③セキュリティ・トークン ここでいうセキュリティとは、証券の意味です。セキュリティ・トークンとは、証券を電子化した投資性のあるもので、配当などが行われる金融商品としての暗号通貨です。これを用いて事業などの資金を集めることをSTO(セキュリティー・トークン・オファーリング）と言います。STOは米国では証券取引法の規制を受けており、日本でも今後、金融商品取引法の規制を受けることが予想されています。これからの世界の資金調達や金融の主流になっていく可能性があるものです。

なるほど、それならよく行くお店の「仮想通貨」をたくさん貯めておけるかも。

それだけじゃない。たとえば同じ商店街の中であれば、ラーメン屋の支払いを、パン屋の「仮想通貨」でできるようになるかもしれない。お互いのお店が合意していれば、そんなこともできる。もっと利便性を高めるのであれば、両替できるようにしておけばいい。ラーメン屋のラーメン通貨と、パン屋のパン通貨とが、アプリ内でいつでも両替できれば、使う人が使い道を選ぶことができる。このお店で使える「仮想通貨」はどれだったっけ？　と悩む必要もなくなる。

日本に行けば円を使い、アメリカに行けばドルを自然と使うように、**行った先のお店で、そのお店の「仮想通貨」を使うようにすればいい**んだ。そのうちに、円とドルの相場が変化するように、人気が出たお店の通貨は価値が高くなって、両替レートが有利になるかもしれない。自分のお店の通貨を発行するというのは、自分のお店の価値をきちんと評価してもらうことつながるのさ。

うわあ、夢が広がりますね。

通貨はマルチメディアへと進化する

仮想通貨の可能性は、それだけじゃないぞ。

まだあるんですか？

現在の仮想通貨の基本は、ブロックチェーンにある。ブロックチェーンのように電子データが正当性を保証されたまま自由に流通できるようになるのは、人類の歴史上初めてのできごとなんだ。だから、**インターネット革命に次ぐ、ブロックチェーン革命が起きる**と言われている。

具体的にはどういうことですか？

お金は価値を媒介するメディアだと言ったよね。ブロックチェーンを使った仮想通貨なら、価値以外にも、いろんな情報をお金に載せて交換することができ

るんだ。つまり、**何種類もの情報をいっぺんに媒介できるマルチメディアになる**ってこと。

余計によくわかりません！

カナちゃんはまだ買ったことがないと思うけど、自動車や家を買うときには、代金以外にもいろんな情報が必要になる。本人確認書類とか、印鑑証明書とか、自動車なら車庫証明書とかね。これらは全部バラバラの書類なんだけど、面倒だと思わないかい？　いろんなところに書類をとりに行かないといけないし、忘れたり不備があったらとり直したりしないといけない。

よくわからないですけど、いくつも書類を用意したり、いちいち署名したりするのは面倒ですね。

もしブロックチェーンと仮想通貨を使えるなら、いろんな証明書や契約書をお金にくっつけることもできる。つまり、**代金の決済をした瞬間に、その他の手**

続きも同時に終えることだって不可能じゃないんだ。

そんなことができるんですか？

理論上は可能だよ。ブロックチェーンは、改ざんや紛失のリスクが極めて低い台帳だ。その信頼性さえ担保されれば、何を記録してもいい。ちょっと難しい例になってしまうけど、不動産を買ったと同時に登記の移転まで済ませるようなこともできる。今は何枚もの書類を確認したりサインしたりしないといけないんだけどね。

要するに面倒な手続きを省けるってことですよね。

そう。このように**契約などの手続きを自動的に済ませてしまう仕組みを「スマートコントラクト」といって、ブロックチェーンの活用方法として注目されている**んだ。

「スマートコントラクト」は自販機のようなもの

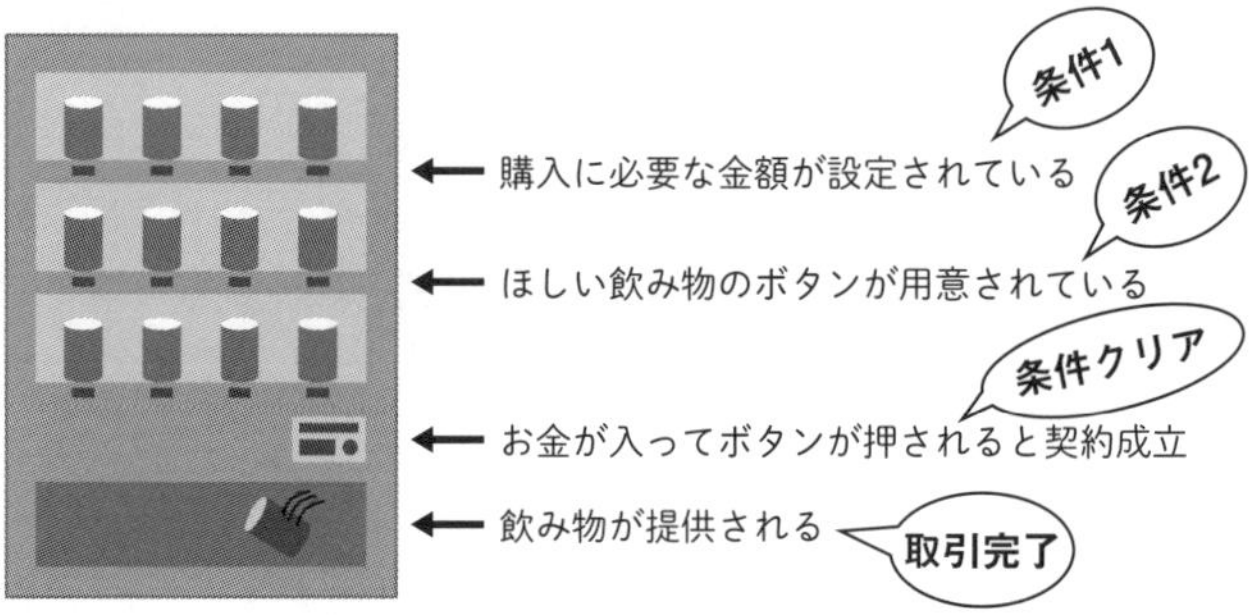

全自動！

プログラムされた条件をクリアすると
自動的に契約が成立して取引まで完了する

それは便利ですね。でも、ビットコインの取引記録には個人情報が含まれないっていう話だったから安心していたのに、契約内容とかが公開されてしまうのは怖いです。

その心配はもっともだね。でも安心していいよ。ビットコインはあくまでもオープンで自立した通貨というコンセプトだけれども、**すべての仮想通貨がそういうわけではない。たとえば「不動産売買用の通貨」など、取引する内容に応じて、データの利用範囲を通貨ごとに設計することができるし、通貨の用途に応じてスマートコントラクトの中身を変更す**

ることもできるし、もちろん、個人情報が公開されないように設計することもできる。

それでも、なんか不安だなあ。

紙でできた重要書類のようなものに、妙な安心感があるのは不思議だよね。紙の書類には平気で住所や名前を書いてしまうけど、その書類だってあとで山ほどコピーされてばらまかれる可能性はゼロじゃないし、なくされたり書き換えられたりするリスクもある。紙の行方をずーっと監視することもできない。これはやっぱり、目に見えるものや目の前の人に対する信用が、どこかにあるからだろうね。

そう言われればそうですけど……。やっぱり慣れの問題なのかもしれないです。

まあ今後の可能性の話だし、使う側は選べばいいんだ。**個人的な情報をブロックチェーンに記録されるのが嫌なら、今まで通り円と書類で済ませればいい**わ

けだから。要は、どちらが自分にとってメリットがあるか、という話だ。

マツダ先生は、ブロックチェーンを積極的に使ったほうがいいと考えているんですか？

もちろんだよ。ブロックチェーンの革命的なところは、三つのことが同じ仕組みのなかで行えることにある。

三つのこと？

「改ざんが不可能な形でデータを管理できる」「スマートコントラクトでさまざまな手続きを一度にまとめて行える」「仮想通貨でいろいろな価値を移転できる」。この三つだ。これまではデータ管理はＰＣで、手続きの処理は手動で、価値の移転はお金を使って行っていた。それが同一の仕組みのもとに行われることで、社会は大きく変わるんだ。

どうしてそうなるんですか？

データ管理とか手続きとか価値の移転をばらばらに行っていると、事務処理が大変になるだろう。たとえば、パスポートを取得するのに、データ管理の面では各市町村の役所に行って戸籍謄本を取ってくる必要がある。そして手続きは各都道府県のパスポートセンターで行う必要があるね。そして価値の移転として手数料を支払うために、郵便局で収入印紙を購入しなければならない。目的は一つなのに、三カ所の施設を回る必要がある。これはそれぞれが別個のシステムだからだ。これまでは、システムに合わせて、人間が動かねばならなかったんだ。しかし**ブロックチェーンなら、一つのシステムにすべてを載せることができるようになる。そうなれば、データの用途に合わせてシステムが対応して動くようになるから、人間が動き回る必要がなくなる**んだ。

ああ！　それは便利ですね！

「みらいのお金」が作る未来

スマートコントラクトが実際に行われている例もあるんですか？

音楽の販売なんかでは、すでにスマートコントラクトが行われているよ。**通常は権利の処理などでいくつも中間に業者が入るものなんだけど、それを省けるからコストも下がって販売価格も安くなり、好意的に受け入れられている**ようだね。詳しくは調べてみてほしいけど。

そうなんですか。あんまり身近な話じゃないのでピンとこないかも。

可能性ということで言えば、**行政サービスの手続きが今よりもはるかに楽になるかもしれない**よ。たとえば戸籍謄本や住民票をもらうとき、本人確認が必要だからといって、いちいち役所や行政サービスコーナーに足を運ばなきゃいけないよね。

そうなんです。マイナンバーカードができてからは一部はコンビニでも手続きできるようになりましたけど、それでも本籍地が遠いときはすごく時間がかかってしまうんです。

市外に引越しするときとか、何度も役所に行かなきゃいけなくて大変だよね。それに役所に行っても、住所変更だけじゃなくて、保険とか年金とか、いろいろな窓口を回らなきゃいけない。

そうそう！　おまけに、最近は少し変わってきたけど、役所は平日の昼間しか開いてないじゃないですか。会社を休んで手続きしなきゃならないし、同じような書類に名前や住所を何度も書くんですよね。まあ、大事な手続きなので文句を言うのも申し訳ないですけど……。

ところが**ブロックチェーンを利用すれば、データの正確性の確認や本人確認などが電子データだけでできるようになるから、ネット上の手続きだけですべて**

が済むようになる。

それはたしかにうれしいかも。

すでに納税手続きなんかは電子申告を進めているが、電子証明書が必要だったり、ＩＣカードリーダーと呼ばれる機器が別途必要だったりで、あまり普及が進んでいない。マイナンバーカードですら期待したように普及が進んでいないから、税務署はマイナンバーカードなしでの電子申告を認めるかもしれない。しかし、それだとセキュリティが不安だね。だから私は、**安全でもっと便利なブロックチェーン技術を使った政府暗号通貨を提案しているんだ。これを納税以外にも社会保険料や各種の手数料など、国に関係するさまざまな機関との間の手続きや支払いに使えるようにできればいい**。とても便利で安心な世の中になると思うよ。

すごいですね。

データは物理的な制約がないから、もっといろいろなことが考えられる。たとえば、役所にいちいち行かなくても手続きができるのであれば、「ふるさと納税」のように、自分が価値を認める自治体に納税することも、その自治体の住民になることも簡単にできるようになる。それから、ブロックチェーンのデータの透過性を利用して、医療や介護のデータを連携させれば、本当に必要な人を洗い出して福祉の手を差しのべることができるようになって、税金の無駄も減らすことができる。不動産登記データに利用すれば、所有者不明の土地や建物を洗い出して、有効利用することができるようになるかもしれない。**これから人口減少社会を迎える中で、行政コストの削減と効率化は絶対に必要なこと**なんだ。機械にできる仕事は機械に任せればいい。

でも、それで仕事がなくなっちゃうって心配する人もいるんじゃないですか？ほら、銀行の役割も変わるって話だったし。

それは考え方次第じゃないかな。たしかに、単純な仕事はテクノロジーを頼ったほうが合理的だし、人の手を使う作業は減っていくだろう。ただ、その分だ

け人間はルーチンワークから解放されて、もっとクリエイティブで人間にしかできない、人間らしい仕事に時間を割けるようになる。

そんなふうになればいいですね。

そのためにも、仮想通貨に対する誤解を解いていかねばならない。**「みらいのお金」は単なる電子決済や投資の道具じゃない。未来の働き方や生き方を大きく変える、社会の新たな基盤になるもの**なんだ。

わかりました！　私も微力ながらお手伝いします！　何をすればいいですか？

まず、本屋でこの本を5冊買ってきて……というのは冗談だよ。友達との間で仮想通貨の話題になったときに、騙されないよう教えてあげるだけでいい。一人ひとりが正しい知識を持てば、理想の仮想通貨社会に近づいていくと私は考えているよ。

7時間目のおさらい

- 仮想通貨は人から人へお金を直接移動できる「どこでもドア」
- 日本のメガバンクも独自の仮想通貨を発行する
- ブロックチェーンは年金や戸籍の記録にも使える
- お金はさまざまな情報を記録したマルチメディアに進化する
- 決済と契約・手続きが一度で全部終わる「スマートコントラクト」が普及する
- ブロックチェーンと仮想通貨が日本の財政問題まで解決する

おわりに

私たちは、ＡＩ革命という、かつてない技術変革のただなかにいます。

かつて産業革命と機械化で多くの職人が仕事を失ったときのように、これからはＡＩ革命で多くのホワイトカラーが職を奪われると危惧されています。

産業社会からあぶれる人が多くなり、豊かでモノがあふれる社会で、そのモノを十分に買えない人が出てきています。トランプ大統領は、このような中間層の没落を貿易問題に還元しましたが、本当の理由は技術革新にあります。いくら国境の壁を高くしたところで、格差は縮まりません。

格差が拡大する中で、貧困層が恨みを抱きながらトリクルダウンのおこぼれを待つような社会が、はたして正しいものなのかどうか、私は疑問に思います。

ではどうすればよいのか。富裕層から税金をとって「ベーシック・インカム」で国民全員に配ればよいと言う学者や政治家もいますが、それでは解決になりません。「ヘリコプター・マネー」でどんどんお金を増やして配ればよいと言う経済学者もいますが、それで活力のある社会が作れるでしょうか。

私はそうではなく、資本主義からあぶれ出た人々が、それでも生きがいを持てるような場が必要だと考えます。技術革新だけではありません。平均寿命が延びることで、会社人間からリタイアした人々にリタイア後に与えられる膨大な時間を、どうイキイキと過ごすかということも大きな課題になっています。

平たく言えば、資本主義の苛烈な市場競争から離れて、それぞれが自立したコミュニティや経済圏を持ち、お互いに協力してコラボレーションしていけるような場がどうしても必要になっていきます。私はそれを、資本主義の競争経済社会との対比として「協働型コモンズ社会」と呼んでいます。

資本主義社会では競争が必然となります。そして、資本主義社会では、投資によってお金を儲けて利潤を上げることでしか、新たな価値（お金）が生まれません。本書でも述べたように、資本主義のお金は、利潤を上げて金利をつけて返済してくれる先に銀行がお金を貸すという信用創造によって生まれています。

まさに今のお金は資本主義のお金です。それを否定するわけではありませんが、それだけでは寂しい社会になってしまうと思うのです。

私が本書で提唱した「みらいのお金」は、もう一つの社会（協働型コモンズ）を作るためのものになるものです。

社会には、資本主義の論理になじまないさまざまな価値があります。たとえば助け合いや、社会貢献や、クリエイティブな芸術などです。これらは資本主義のマーケットでは利潤（価値）を上げることはできませんが、それでも、それぞれ理解してサポートしてくれる人が少なからず存在する、たしかな価値です。

このような価値は、資本主義の世の中では、お金を生み出すことができないために埋もれがちでした。しかし、「みらいのお金」（暗号通貨）があれば、これらの価値が認められて、発展するようになると思います。

たとえば次のようなものです。

「私は、犬や猫が無闇に殺されないように保護施設兼ふれあいカフェを作りたいと思います。その設立費用を仮想通貨のトークンを発行して集めます。トークンを買ってくださった方は、そのトークンを使って施設のサービスを受けることができます」

この考えに賛同する人は、トークンを購入して支援することができます。

これは一つの例であり、他にも多様な価値を載せることができます。これまでは、そのようなものに賛同者を集めることが難しかったのですが、インターネットを通じて広い社会とつながれば、その価値を認める人も見つかるでしょう。インターネットは全世界に開かれているからです。

P2Pで個人と個人が直接つながる社会でこそ、定量的に測ることのできない一人ひとりのユニークな価値が際立ってきます。

自分の価値を世の中にアピールすることができれば、インターネットを通じて「みらいのお金」だけで生活できるようになる人も増えてくることでしょう。いずれ、この「みらいのお金」の世界では、一人ひとりが中央銀行であり、独立した事業主になる、暗号通貨の技術革新が、そんな未来社会を実現することも夢ではありません。

このように、「協働型コモンズ社会」を作るために欠かせないのが、各自が発行できる仮想通貨です。資本主義の利潤を求める競争では淘汰されてしまうような小さな価値でも、この協働型コモンズ圏では生きていくことができます。

資本主義社会で利潤を求めて競い合うことは社会全体を進歩させるためには必要でしょう。しかし、価値観がますます多様化する中で、資本主義の価値観一辺倒では、息苦しさを感じる人が、これからも大勢出てくるでしょう。ですから、市場では利潤を上げられないような、小さなクリエイティブな価値を評価するもう一つの社会が必要なのです。

平日は会社でバリバリ働いている人でも、家に帰れば優しい親であり、近所の人との付き合いがあるように、私たちには競争と協働の二つの面が必要です。そして、協働の側面を支えるのが、自分の価値を伝えるため、そして他人に「いいね！」を送るために発行する「みらいのお金」なのです。

以上は、私たちの実生活に関連するミクロレベルの話ですが、国家単位のマクロレベルでも日本は「みらいのお金」を推進していかねばならないと私は考えています。

その背景には、ＡＩやビッグデータを中心に中国の情報技術が日々進歩して、他の国々の脅威になってきたことがあげられます。中国の覇権の拡大を危惧するアメリカも、２０１８年10月のペンス副大統領演説に見られるように、対中国政策を転換しつつあります。かつては「石油」などの地下資源、近年では「金融」が世界の戦略分野の中心でしたが、最近では電子データが価値の最大の源泉となっています。

その中でアメリカは、知的財産技術の流出を阻止して、中国と情報技術の覇権を争う姿勢を明確に見せるようになったのです。

中国のＩＴ大手であるファーウェイとＺＴＥの2社が、共産党の情報機関との関係を理由にアメリカ市場から締め出されつつあるのはご存じでしょう。アメリカの要請を受けて、イギリス、インド、オーストラリア、ニュージーランドなどの英連邦諸国、および日本の政府機関も2社の製品の排除に動きました。米中の間で、テクノロジーをめぐる戦争が始まろうとしています。

その狭間にあって日本の採るべき道はどのようになるでしょうか。私はブロックチェーン革命を先導することこそ、最善の道だと考えています。現状、技術面では日本は米中に及びません。しかし少子化や高齢化をはじめ、さまざまな社会的課題に対しては、他の先進国に先駆けて向き合っています。日本は人類社会が共通して迎える課題に最初に直面する「課題先進国」だと言われて久しいですが、これは日本独自の大きな強みです。ブロックチェーンを活用してこれらの課題を解決することができれば、それは紛れもなく世界の最先端になるはずです。他にも、産業の集積や現場力や工学力など、日本にはこの革命に活かせるさまざまな強みがたくさんあるはずです。

ＩＴ革命の次の革命がブロックチェーン革命だと言われています。ＩＴ革命が世の中をここまで変えるのに30年近くかかったように、ブロックチェーン革命もこれから20〜30年かけて世界を変えていくでしょう。しかも、ブロックチェーンの社会への実装は、まだこれからさまざまな工夫や技術革新が必要で、それ自体がこれから進化していくものです。だからこそ、日本が意識的にこの革命を先導していくことで、米中の狭間に埋もれることのない独自の存在を国際社会の中で示す国になれるはずだと思います。

ブロックチェーンを使った新たな社会的ソリューションモデルを構築し、世界に示すこと。それが国際社会における新たな日本の役割です。そこに、「和」や「協調」

の精神など、自国独自の国柄を活かすことで、世界のお手本になるような課題解決モデルを生み出すことができるのも、日本ならではの役割かもしれません。だからこそ、「みらいのお金」について広くみなさんに伝えたいのです。

もちろんブロックチェーンの強固なセキュリティが、米中情報覇権戦争の中にあっても日本を守ることにも役立つことは、言うまでもありません。

読者のみなさんがこの本を読んで「みらいのお金」の本質を知り、ご自身の未来、そして日本の未来に夢をはせていただけるようであれば、著者としてこれほどうれしいことはありません。

本書の制作にあたっては、暗号通貨研究所の粕谷重雄さまに多大なご助力をいただきました。出版にあたって関係者のみなさまから賜りましたご尽力と併せ、この場を借りて厚く御礼申し上げます。

最後までお読みいただき、ありがとうございました。

松田　学

松田学
（まつだ・まなぶ）

元衆議院議員、元財務官僚。現在は松田政策研究所代表、バサルト株式会社社長、社団法人ドローンシティ協会理事長などさまざまな役職を務める。

東京大学経済学部を卒業後、大蔵省（当時）に入省。大蔵省大臣官房企画官、内閣官房内閣審議官、財務本省課長、東京医科歯科大学教授、（独）郵貯・簡保管理機構理事、預金保険機構金融再生部長などを経て、国政進出のため退官。

日本維新の会から衆議院議員に当選、衆院内閣委員会理事、次世代の党政調会長代理などを歴任。

その後、東京大学大学院客員教授としてサイバーセキュリティの研究に従事。ブロックチェーンなどの情報技術や暗号通貨を活用した新しい日本の社会を構想し、情報セキュリティの社会実装を進めるジュピタープロジェクトや、防災にITなど最先端の情報技術を活用する「黄金の国、ジパングプロジェクト」、革新素材バサルトファイバーの普及など、「未来社会のプロデューサー」としてさまざまな事業を推進しつつ、情報発信や政策提言活動を展開している。

著書に『TPP興国論』（kkロングセラーズ、2012年）、『国力倍増論』（創藝社、2014年）、『サイバーセキュリティと仮想通貨が日本を救う』（創藝社、2018年）、『米中知られざる「仮想通貨」戦争の内幕』（共著、宝島社、2019年）など多数。

【松田政策研究所ホームページ】https://matsuda-pi.com/index.html
【ブログ】http://ameblo.jp/matsuda-manabu/

参考文献

岡田仁志『決定版 ビットコイン＆ブロックチェーン』東洋経済新報社、2018

神作裕之、小野傑、湯山智教『金融と IT の政策学―東京大学で学ぶ FinTech・社会・未来』きんざい、2018

宮崎正勝『世界史の真相は通貨で読み解ける―銀貨、紙幣、電子マネー…は社会をどう変えたか』河出書房新社、2018

島崎晋『「お金」で読み解く日本史』SB クリエイティブ、2018

川野祐司『キャッシュレス経済―21 世紀の貨幣論―』文眞堂、2018

淵田康之『キャッシュフリー経済―日本活性化の FinTech 戦略』日本経済新聞出版社、2017

ケネス・S・ロゴフ『現金の呪い―紙幣をいつ廃止するか？』日経 BP 社、2017

翁百合、柳川範之、岩下直行『ブロックチェーンの未来　金融・産業・社会はどう変わるのか』日本経済新聞出版社、2017

カビール・セガール『貨幣の「新」世界史―ハンムラビ法典からビットコインまで』早川書房、2016

高木久史『通貨の日本史―無文銀銭、富本銭から電子マネーまで』中公新書、2016

ドン・タプスコット、アレックス・タプスコット『ブロックチェーン・レボリューション―ビットコインを支える技術はどのようにビジネスと経済、そして世界を変えるのか』ダイヤモンド社、2016

トマ・ピケティ『21 世紀の資本』みすず書房、2014

フェリックス・マーティン『21 世紀の貨幣論』東洋経済新報社、2014

ニーアル・ファーガソン『マネーの進化史』早川書房、2009

いま知っておきたい「みらいのお金」の話

発行日　2019年3月 5 日　第 1 刷
発行日　2019年3月19日　第 2 刷

著者　松田学

本書プロジェクトチーム
編集統括　柿内尚文
編集担当　中山景
企画協力　ジュピタープロジェクト株式会社、平塚俊樹、加藤直之
編集協力　田島隆雄
デザイン　大場君人
イラスト　栗原眞琴
DTP　マーリンクレイン
校正　小暮謙作

営業統括　丸山敏生
営業担当　石井耕平
営業　増尾友裕、池田孝一郎、熊切絵理、大原桂子、矢部愛、桐山敦子、綱脇愛、寺内未来子、櫻井恵子、吉村寿美子、矢橋寛子、遠藤真知子、森田真紀、大村かおり、高垣真美、高垣知子、柏原由美、菊山清佳
プロモーション　山田美恵、林屋成一郎

編集　小林英史、舘瑞恵、栗田亘、村上芳子、堀田孝之、大住兼正、菊地貴広、千田真由、生越こずえ、名児耶美咲
講演・マネジメント事業　斎藤和佳、高間裕子、志水公美
メディア開発　池田剛、中村悟志
マネジメント　坂下毅
発行人　高橋克佳

発行所　株式会社アスコム

〒105-0003
東京都港区西新橋2-23-1　3東洋海事ビル
編集部　TEL：03-5425-6627
営業部　TEL：03-5425-6626　FAX：03-5425-6770

印刷・製本　中央精版印刷株式会社

Printed in Japan ISBN 978-4-7762-1034-4